.5520.
Ad.4.

ŒUVRES
DE
MOLIERE,
NOUVELLE ÉDITION

Enrichie de Figures en taille-douce.

TOME QUATRIEME.

A AMSTERDAM,
Aux dépens de la Compagnie.

M. DCC. LXXII.

LE
MISANTHROPE,
COMÉDIE.

TABLE

Des Pieces contenues dans ce quatrieme volume.

LE MISANTHROPE.
LE MÉDECIN MALGRÉ LUI.
LE SICILIEN ou L'AMOUR PEINTRE.
LE TARTUFFE.

ACTEURS.

ALCESTE, Amant de Célimene.
PHILINTE, Ami d'Alceste.
ORONTE, Amant de Célimene.
CÉLIMENE.
ÉLIANTE, Cousine de Célimene.
ARSINOÉ, Amie de Célimene.
ACASTE,
CLITANDRE, } Marquis.
BASQUE, Valet de Célimene.
UN GARDE de la Maréchaussée de France.
DUBOIS, Valet d'Alceste.

La Scene est à Paris dans la maison de Célimene.

LE MISANTROPE

LE MISANTHROPE,
COMÉDIE.

ACTE PREMIER.

SCENE PREMIERE.
PHILINTE, ALCESTE.

PHILINTE.

Qu'est-ce donc ? Qu'avez-vous ?
ALCESTE *assis.*
Laissez-moi, je vous prie.
PHILINTE.
Mais encore, dites-moi, quelle bizarrerie....
ALCESTE.
Laissez-moi-là, vous dis-je, & courez vous cacher.
PHILINTE.
Mais on entend les gens au moins sans se fâcher.

ALCESTE.
Moi, je veux me fâcher, & ne veux point entendre.
PHILINTE.
Dans vos brusques chagrins je ne puis vous com-
    prendre ;
Et, quoiqu'amis enfin, je suis tout des premiers...
ALCESTE *se levant brusquement.*
Moi, votre ami ? Rayez cela de vos papiers.
J'ai fait jusques ici profession de l'être ;
Mais, après ce qu'en vous je viens de voir paroître,
Je vous déclare net que je ne le suis plus,
Et ne veux nulle place en des cœurs corrompus.
PHILINTE.
Je suis donc bien coupable, Alceste, à votre compte ?
ALCESTE.
Allez, vous devriez mourir de pure honte ;
Une telle action ne sauroit s'excuser,
Et tout homme d'honneur s'en doit scandaliser.
Je vous vois accabler un homme de caresses,
Et témoigner pour lui les dernieres tendresses ;
De protestations, d'offres & de sermens,
Vous chargez la fureur de vos embrassemens ;
Et, quand je vous demande après, quel est cet
    homme,
A peine pouvez-vous dire comme il se nomme,
Votre chaleur pour lui tombe en vous séparant,
Et vous me le traitez, à moi, d'indifférent.
Morbleu, c'est une chose indigne, lâche, infame,
De s'abaisser ainsi jusqu'à trahir son ame ;
Et si, par un malheur, j'en avois fait autant,
Je m'irois, de regret, pendre tout à l'instant.
PHILINTE.
Je ne vois pas, pour moi, que le cas soit pendable ;
Et je vous supplierai d'avoir pour agréable,
Que je me fasse un peu grace sur votre arrêt,
Et ne me pende pas pour cela, s'il vous plaît.
ALCESTE.
Que la plaisanterie est de mauvaise grace !

COMEDIE.

PHILINTE.
Mais, férieufement, que voulez-vous qu'on faffe?
ALCESTE.
Je veux qu'on foit fincere, & qu'en homme d'hon-
neur,
On ne lâche aucun mot qui ne parte du cœur.
PHILINTE.
Lorfqu'un homme vous vient embraffer avec joie,
Il faut bien le payer de la même monnoie,
Répondre, comme on peut, à fes empreffemens,
Et rendre offre pour offre, & fermens pour fermens.
ALCESTE.
Non, je ne puis fouffrir cette lâche méthode;
Qu'affectent la plupart de vos gens à la mode;
Et je ne hais rien tant que les contorfions
De tous ces grands faifeurs de proteftations,
Ces affables donneurs d'embraffades frivoles,
Ces obligeans difeurs d'inutiles paroles,
Qui de civilités, avec tous, font combat,
Et traitent du même air l'honnête-homme & le fat.
Quel avantage a-t-on qu'un homme vous careffe,
Vous jure amitié, foi, zele, eftime, tendreffe,
Et vous faffe de vous un éloge éclatant,
Lorfqu'au premier faquin, il court en faire autant?
Non, non, il n'eft point d'ame un peu bien fituée,
Qui veuille d'une eftime ainfi proftituée;
Et la plus glorieufe a des régals peu chers,
Dès qu'on voit qu'on nous mêle avec tout l'univers:
Sur quelque préférence une eftime fe fonde,
Et c'eft n'eftimer rien qu'eftimer tout le monde.
Puifque vous y donnez, dans ces vices du tems,
Morbleu, vous n'êtes pas pour être de mes gens;
Je refufe d'un cœur la vafte complaifance
Qui ne fait de mérite aucune différence,
Je veux qu'on me diftingue; &, pour le trancher net,
L'ami du genre-humain n'eft point du tout mon fait.
PHILINTE.
Mais quand on eft du monde, il faut bien que l'on rende

Quelque dehors civils que l'ufage demande.
ALCESTE.
Non, vous dis-je, on devroit châtier, fans pitié,
Ce commerce honteux de femblant d'amitié.
Je veux que l'on foit homme, & qu'en toute rencontre,
Le fond de notre cœur dans nos difcours fe montre,
Que ce foit lui qui parle, & que nos fentimens
Ne fe mafquent jamais fous de vains complimens.
PHILINTE.
Il eft bien des endroits où la pleine franchife
Deviendroit ridicule, & feroit peu permife;
Et par fois, n'en déplaife à votre auftere honneur,
Il eft bon de cacher ce qu'on a dans le cœur.
Seroit-il à propos & de la bienféance,
De dire à mille gens tout ce que d'eux on penfe?
Et, quand on a quelqu'un qu'on hait, ou qui déplaît,
Lui doit-on déclarer la chofe comme elle eft?
ALCESTE.
Oui.
PHILINTE.
Quoi! vous iriez dire à la vieille Emilie,
Qu'à fon âge il fied mal de faire la jolie,
Et que le blanc qu'elle a, fcandalife chacun?
ALCESTE.
Sans doute.
PHILINTE.
A Dorilas, qu'il eft trop importun,
Et qu'il n'eft, à la cour, oreille qu'il ne laffe
A conter fa bravoure, & l'éclat de fa race?
ALCESTE.
Fort bien.
PHILINTE.
Vous vous moquez.
ALCESTE.
Je ne me moque point;
Et je vais n'épargner perfonne fur ce point.

Mes yeux font trop bleſſés, & la Cour & la Ville,
Ne m'offrent rien qu'objets à m'échauffer la bile;
J'entre en une humeur noire, en un chagrin profond,
Quand je vois vivre, entr'eux, les hommes comme ils font;
Je ne trouve par-tout que lâche flatterie;
Qu'injuſtice, intérêt, trahiſon, fourberie,
Je n'y puis plus tenir, j'enrage; & mon deſſein
Eſt de rompre en viſiere à tout le genre-humain.

PHILINTE.
Ce chagrin philoſophe eſt un peu trop ſauvage.
Je ris des noirs accès où je vous enviſage;
Et crois voir, en nous deux, ſous mêmes ſoins nourris,
Ces deux freres que peint l'École des maris,
Dont.....

ALCESTE.
Mon Dieu! laiſſons-là vos comparaiſons fades.

PHILINTE.
Non, tout de bon, quittez toutes ces incartades,
Le monde par vos ſoins ne ſe changera pas;
Et, puiſque la franchiſe a pour vous tant d'appas,
Je vous dirai, tout franc, que cette maladie,
Par-tout où vous allez, donne la comédie;
Et qu'un ſi grand courroux contre les mœurs du tems,
Vous tourne en ridicule auprès de bien des gens.

ALCESTE.
Tant mieux, morbleu, tant mieux, c'eſt ce que je demande;
Ce m'eſt un fort bon ſigne, & ma joie en eſt grande
Tous les hommes me ſont à tel point odieux,
Que je ferois fâché d'être ſage à leurs yeux.

PHILINTE.
Vous voulez un grand mal à la nature humaine.

ALCESTE.
Oui, j'ai conçu pour elle une effroyable haine.

PHILINTE.

Tous les pauvres mortels, fans nulle exception,
Seront enveloppés dans cette averfion ?
Encore en eft-il bien, dans le fiecle où nous fommes....

ALCESTE.

Non, elle eft générale, & je hais tous les hommes ;
Les uns, parce qu'ils font méchans & malfaifans,
Et les autres, pour être aux méchans complaifans,
Et n'avoir pas pour eux ces haines vigoureufes,
Que doit donner le vice aux ames vertueufes.
De cette complaifance on voit l'injufte excès,
Pour le franc fcélérat avec qui j'ai procès.
Au travers de fon mafque, on voit à plein le traître,
Par-tout il eft connu pour tout ce qu'il peut être ;
Et fes roulemens d'yeux, & fon ton radouci,
N'impofent qu'à des gens qui ne font point d'ici.
On fcait que ce pied plat, digne qu'on le confonde,
Par de fales emplois s'eft pouffé dans le monde,
Et que, par eux, fon fort, de fplendeur revêtu,
Fait gronder le mérite, & rougir la vertu ;
Quelques titres honteux qu'en tous lieux on lui donne,
Son miférable honneur ne voit pour lui perfonne,
Nommez-le fourbe, infâme, & fcélérat maudit,
Tout le monde en convient, & nul n'y contredit ;
Cependant fa grimace eft par-tout bien venue,
On l'accueille, on lui rit, par-tout il s'infinue,
Et, s'il eft, par la brigue, un rang à difputer,
Sur le plus honnête homme on le voit l'emporter.
Tétebleu, ce me font de mortelles bleffures,
De voir qu'avec le vice on garde des mefures ;
Et par fois, il me prend des mouvemens foudains,
De fuir dans un défert l'approche des humains.

PHILINTE.

Mon Dieu ! des mœurs du tems, mettons-nous moins en peine,
Et faifons un peu grace à la nature humaine ;

Ne l'examinons point dans la grande rigueur,
Et voyons ses défauts avec quelque douceur.
Il faut, parmi le monde, une vertu traitable ;
A force de sagesse, on peut être blâmable,
La parfaite raison fuit toute extrêmité,
Et veut que l'on soit sage avec sobriété.
Cette grande roideur des vertus des vieux âges,
Heurte trop notre siecle, & les communs usages,
Elle veut aux mortels trop de perfection,
Il faut fléchir au tems, sans obstination,
Et c'est une folie, à nulle autre seconde,
De vouloir se mêler de corriger le monde.
J'observe, comme vous, cent choses tous les jours,
Qui pourroient mieux aller, prenant un autre cours:
Mais, quoiqu'à chaque pas je puisse voir paroître,
En courroux, comme vous, on ne me voit point
  être.
Je prends tout doucement les hommes comme ils sont,
J'accoutume mon ame à souffrir ce qu'ils font,
Et je crois qu'à la Cour, de même qu'à la Ville,
Mon flegme est philosophe autant que votre bile.
ALCESTE.
Mais ce flegme, Monsieur, qui raisonnez si bien,
Ce flegme, pourra-t-il ne s'échauffer de rien ?
Et s'il faut, par hasard, qu'un ami vous trahisse,
Que pour avoir vos biens on dresse un artifice,
Ou qu'on tâche à semer de méchans bruits de vous,
Verrez-vous tout cela, sans vous mettre en cour-
  roux ?
PHILINTE.
Oui, je vois ces défauts dont votre ame murmure,
Comme vices unis à l'humaine nature ;
Et mon esprit enfin n'est pas plus offensé
De voir un homme fourbe, injuste, intéressé,
Que de voir des vautours affamés de carnage,
Des singes malfaisans, & des loups pleins de rage.
ALCESTE.
Je me verrai trahir, mettre en pieces, voler,

LE MISANTHROPE,

Sans que je fois....... Morbleu, je ne veux point
    parler,
Tant ce raisonnement est plein d'impertinence.
PHILINTE.
Ma foi, vous ferez bien de garder le silence.
Contre votre patrie éclatez un peu moins,
Et donnez au procès une part de vos soins.
ALCESTE.
Je n'en donnerai point, c'est une chose dite.
PHILINTE.
Mais qui voulez-vous donc, qui pour vous sollicite ?
ALCESTE.
Qui je veux ? La raison, mon bon droit, l'équité.
PHILINTE.
Aucun Juge par vous ne sera visité ?
ALCESTE.
Non. Est-ce que ma cause est injuste ou douteuse ?
PHILINTE.
J'en demeure d'accord, mais la brigue est fâcheuse,
Et......
ALCESTE.
    Non. J'ai résolu de n'en pas faire un pas.
J'ai tort, ou j'ai raison.
PHILINTE.
               Ne vous y fiez pas.
ALCESTE.
Je ne remuerai point.
PHILINTE.
               Votre partie est forte,
Et peut par sa cabale entraîner......
ALCESTE.
               Il n'importe.
PHILINTE.
Vous vous tromperez.
ALCESTE.
           Soit. J'en veux voir le succès.
PHILINTE.
Mais....

COMEDIE.

ALCESTE.
J'aurai le plaisir de perdre mon procès.
PHILINTE.
Mais enfin....
ALCESTE.
Je verrai, dans cette plaiderie,
Si les hommes auront assez d'effronterie,
Seront assez méchans, scélérats & pervers,
Pour me faire injustice aux yeux de l'univers.
PHILINTE.
Quel homme !
ALCESTE.
Je voudrois, m'en coûtât-il grand'chose,
Pour la beauté du fait, avoir perdu ma cause.
PHILINTE.
On se riroit de vous, Alceste, tout de bon,
Si l'on vous entendoit parler de la façon.
ALCESTE.
Tant pis pour qui riroit.
PHILINTE.
Mais cette rectitude
Que vous voulez en tout avec exactitude,
Cette pleine droiture, où vous vous renfermez,
La trouvez-vous ici dans ce que vous aimez ?
Je m'étonne, pour moi, qu'étant, comme il le
  semble,
Vous & le genre-humain, si fort brouillés en-
  semble,
Malgré tout ce qui peut vous le rendre odieux,
Vous ayez pris chez lui ce qui charme vos yeux ;
Et ce qui me surprend encore davantage,
C'est cet étrange choix où votre cœur s'engage.
La sincere Eliante a du penchant pour vous,
La prude Arsinoé vous voit d'un œil fort doux ;
Cependant, à leurs vœux, votre ame se refuse,
Tandis qu'en ses liens Célimene l'amuse,
De qui l'humeur coquette, & l'esprit médisant,
Semble si fort donner dans les mœurs d'à-present.

A 6

D'où vient que, leur portant une haine mortelle,
Vous pouvez bien souffrir ce qu'en tient cette belle?
Ne sont-ce plus défauts dans un objet si doux?
Ne les voyez-vous pas, ou les excusez-vous?
ALCESTE.
Non. L'amour que je sens pour cette jeune veuve,
Ne ferme point mes yeux aux défauts qu'on lui treuve;
Et je suis, quelque ardeur qu'elle m'ait pu donner,
Le premier à les voir, comme à les condamner.
Mais, avec tout cela, quoique je puisse faire,
Je confesse mon foible, elle a l'art de me plaire:
J'ai beau voir ses défauts, & j'ai beau l'en blâmer,
En dépit qu'on en ait, elle se fait aimer.
Sa grace est la plus forte; &, sans doute, ma flamme,
De ces vices du tems pourra purger son ame.
PHILINTE.
Si vous faites cela, vous ne ferez pas peu.
Vous croyez être donc aimé d'elle?
ALCESTE.
Oui, parbleu,
Je ne l'aimerois pas, si je ne croyois l'être.
PHILINTE.
Mais si son amitié pour vous se fait paroître,
D'où vient que vos rivaux vous causent de l'ennui?
ALCESTE.
C'est qu'un cœur bien atteint veut qu'on soit tout à lui;
Et je ne viens ici qu'à dessein de lui dire
Tout ce que là-dessus ma passion m'inspire.
PHILINTE.
Pour moi, si je n'avois qu'à former des desirs,
Sa cousine Eliante auroit tous mes soupirs;
Son cœur, qui vous estime, est solide & sincere,
Et ce choix plus conforme étoit mieux votre affaire.
ALCESTE.
Il est vrai, ma raison me le dit chaque jour;

Mais la raiſon n'eſt pas ce qui regle l'amour.
PHILINTE.
Je crains fort pour vos feux, & l'eſpoir où vous êtes
Pourroit....

SCENE II.
ORONTE, ALCESTE, PHILINTE.
ORONTE à Alceſte.

J'Ai ſçu là bas que, pour quelques emplettes,
Eliante eſt ſortie, & Célimene auſſi.
Mais, comme l'on m'a dit que vous étiez ici,
J'ai monté pour vous dire, & d'un cœur véritable,
Que j'ai conçu pour vous une eſtime incroyable,
Et que, depuis long-tems, cette eſtime m'a mis
Dans un ardent deſir d'être de vos amis.
Oui, mon cœur au mérite aime à rendre juſtice,
Et je brûle qu'un nœud d'amitié nous uniſſe.
Je crois qu'un ami chaud, & de ma qualité,
N'eſt pas aſſurément pour être rejetté.
(Pendant le diſcours d'Oronte, Alceſte eſt rêveur, ſans faire attention que c'eſt à lui qu'on parle, & ne ſort de ſa rêverie que quand Oronte lui dit :)
C'eſt à vous, s'il vous plaît, que ce diſcours s'adreſſe.
ALCESTE.
A moi, Monſieur ?
ORONTE.
A vous. Trouvez-vous qu'il vous bleſſe ?
ALCESTE.
Non pas. Mais la ſurpriſe eſt fort grande pour moi,
Et je n'attendois pas l'honneur que je reçoi.
ORONTE.
L'eſtime où je vous tiens ne doit point vous ſur-
    prendre,

Et, de tout l'Univers, vous la pouvez prétendre.
ALCESTE.
Monsieur....
ORONTE.
L'état n'a rien qui ne soit au-dessous
Du mérite éclatant que l'on découvre en vous.
ALCESTE.
Monsieur....
ORONTE.
Oui, de ma part, je vous tiens préférable
A tout ce que j'y vois de plus considérable.
ALCESTE.
Monsieur....
ORONTE.
Sois-je du Ciel écrasé, si je mens ;
Et, pour vous confirmer ici mes sentimens,
Souffrez qu'à cœur ouvert, Monsieur, je vous embrasse,
Et qu'en votre amitié je vous demande place.
Touchez-là, s'il vous plaît. Vous me la promettez
Votre amitié ?
ALCESTE.
Monsieur....
ORONTE.
Quoi, vous y résistez ?
ALCESTE.
Monsieur, c'est trop d'honneur que vous me voulez faire ;
Mais l'amitié demande un peu plus de mystere ;
Et c'est assurément, en profaner le nom,
Que de vouloir le mettre en toute occasion.
Avec lumiere & choix cette union veut naître ;
Avant que nous lier il faut nous mieux connoître,
Et nous pourrions avoir telles complexions,
Que tous deux, du marché, nous nous repentirions.
ORONTE.
Parbleu, c'est là-dessus parler en homme sage,
Et je vous en estime encore davantage.

COMEDIE.

Souffrons donc que le tems forme des nœuds si doux ;
Mais, cependant, je m'offre entiérement à vous.
S'il faut faire à la cour pour vous quelque ouverture,
On fçait qu'auprès du Roi, je fais quelque figure,
Il m'écoute, &, dans tout, il en use, ma foi,
Le plus honnêtement du monde avecque moi.
Enfin je suis à vous de toutes les manieres ;
Et comme votre esprit a de grandes lumieres,
Je viens, pour commencer entre nous ce beau nœud,
Vous montrer un Sonnet que j'ai fait depuis peu,
Et fçavoir s'il est bon qu'au public je l'expose.

ALCESTE.
Monsieur, je suis mal propre à décider la chose.
Veuillez m'en dispenser ?

ORONTE.
Pourquoi ?

ALCESTE.
J'ai le défaut
D'être un peu plus sincere en cela qu'il ne faut.

ORONTE.
C'est ce que je demande, & j'aurois lieu de plainte,
Si, m'exposant à vous, pour me parler sans feinte,
Vous alliez me trahir & me déguiser rien.

ALCESTE.
Puisqu'il vous plaît ainsi, Monsieur, je le veux bien.

ORONTE.
Sonnet. C'est un Sonnet. *L'espoir*... C'est une Dame,
Qui de quelque espérance avoit flatté ma flamme.
L'espoir... Ce ne sont point de ces grands vers pompeux,
Mais de petits vers doux, tendres & langoureux.

ALCESTE.
Nous verrons bien.

ORONTE.
L'espoir... Je ne fçais si le style
Pourra vous en paroître assez net & facile,
Et si du choix des mots vous vous contenterez.

LE MISANTHROPE,

ALCESTE.

Nous allons voir, Monsieur.

ORONTE.

Au reste, vous sçaurez
Que je n'ai demeuré qu'un quart-d'heure à le faire.

ALCESTE.

Voyons, Monsieur, le tems ne fait rien à l'affaire.

ORONTE *lit*.

L'Espoir, il est vrai, nous soulage,
Et nous berce un tems notre ennui;
Mais, Philis, le triste avantage,
Lorsque rien ne marche après lui!

PHILINTE.

Je suis déja charmé de ce petit morceau.

ALCESTE *bas à Philinte*.

Quoi, vous avez le front de trouver cela beau?

ORONTE.

Vous eutes de la complaisance;
Mais vous en deviez moins avoir,
Et ne vous pas mettre en dépense,
Pour ne me donner que l'espoir.

PHILINTE.

Ah! qu'en termes galans ces choses-là sont mises!

ALCESTE *bas à Philinte*.

Hé quoi! vil complaisant, vous louez des sottises?

ORONTE.

S'il faut qu'une attente éternelle
Pousse à bout l'ardeur de mon zele,
Le trépas sera mon recours.

Vos soins ne m'en peuvent distraire.
Belle Philis, on désespere,
Alors qu'on espere toujours.

PHILINTE.

La chûte en est jolie, amoureuse, admirable.

ALCESTE *bas à Philinte*.

La peste de ta chûte! empoisonneur au diable.

En eusses tu fait une à te casser le nez !
PHILINTE.
Je n'ai jamais oui de vers si bien tournés.
ALCESTE *bas à Philinte.*
Morbleu !
ORONTE *à Philinte.*
Vous me flattez, & vous croyez peut-être...
PHILINTE.
Non, je ne flatte point.
ALCESTE *bas à Philinte.*
Hé ! que fais-tu donc, traître?
ORONTE *à Alceste.*
Mais, pour vous, vous sçavez quel est notre traité.
Parlez-moi, je vous prie avec sincérité.
ALCESTE.
Monsieur, cette matiere est toujours délicate,
Et, sur le bel esprit, nous aimons qu'on nous flatte.
Mais un jour, à quelqu'un dont je tairai le nom,
Je disois, en voyant des vers de sa façon,
Qu'il faut qu'un galant homme ait toujours grand empire
Sur les demangeaisons qui nous prennent d'écrire;
Qu'il doit tenir la bride aux grands empressemens
Qu'on a de faire éclat de tels amusemens;
Et que, par la chaleur de montrer ses ouvrages,
On s'expose à jouer de mauvais personnages.
ORONTE.
Est-ce que vous voulez me déclarer par-là,
Que j'ai tort de vouloir....
ALCESTE.
Je ne dis pas cela.
Mais je lui disois, moi, qu'un froid écrit assomme,
Qu'il ne faut que ce foible à décrier un homme;
Et qu'eût-on, d'autre part, cent belles qualités,
On regarde les gens par leurs méchans côtés.
ORONTE.
Est-ce qu'à mon Sonnet vous trouvez à redire ?

ALCESTE.
Je ne dis pas cela. Mais, pour ne point écrire,
Je lui mettois aux yeux comme dans notre tems,
Cette soif a gâté de fort honnêtes gens.
ORONTE.
Est-ce que j'écris mal, & leur ressemblerois-je?
ALCESTE.
Je ne dis pas cela. Mais enfin, lui disois-je,
Quel besoin si pressant avez-vous de rimer,
Et qui diantre vous pousse à vous faire imprimer?
Si l'on peut pardonner l'essor d'un mauvais livre,
Ce n'est qu'aux malheureux qui composent pour vivre.
Croyez-moi, résistez à vos tentations,
Dérobez au public ces occupations;
Et n'allez point quitter, de quoi que l'on vous somme,
Le nom que, dans la Cour, vous avez d'honnête-homme,
Pour prendre de la main d'un avide Imprimeur,
Celui de ridicule & misérable Auteur.
C'est ce que je tâchai de lui faire comprendre.
ORONTE.
Voilà qui va fort bien, & je crois vous entendre.
Mais ne puis-je sçavoir ce que dans mon Sonnet....
ALCESTE.
Franchement il est bon à mettre au cabinet;
Vous vous êtes réglé sur de méchans modeles,
Et vos expressions ne sont point naturelles.

 Qu'est-ce que, *nous berce un tems notre ennui,*
  Et que rien ne marche après lui?
  Que, ne vous pas mettre en dépense,
  Pour ne me donner que l'espoir?
  Et que, Philis, on désespere,
  Alors qu'on espere toujours?

Ce style figuré, dont on fait vanité,
Sort du bon caractere & de la vérité;

Ce n'est que jeu de mots, qu'affectation pure,
Et ce n'est point ainsi que parle la nature.
Le méchant goût du siecle en cela me fait peur ;
Nos peres, tous grossiers, l'avoient beaucoup meilleur,
Et je prise bien moins tout ce que l'on admire,
Qu'une vieille chanson, que je m'en vais vous dire.

  Si le Roi m'avoit donné
    Paris sa grand'ville,
  Et qu'il me fallût quitter
    L'amour de ma mie,
  Je dirois au Roi Henri,
  Reprenez votre Paris,
    J'aime mieux ma mie, oh gay !
    J'aime mieux ma mie.

La rime n'est pas riche, & le style en est vieux:
Mais ne voyez-vous pas que cela vaut bien mieux
Que ces colifichets dont le bons sens murmure,
Et que la passion parle-là toute pure ?

  Si le Roi m'avoit donné
    Paris sa grand'ville,
  Et qu'il me fallût quitter
    L'amour de ma mie ;
  Je dirois au Roi Henri,
  Reprenez votre Paris,
    J'aime mieux ma mie, oh gay !
    J'aime mieux ma mie.

Voilà ce que peut dire un cœur vraiment épris.
    (*à Philinte qui rit.*)
Oui, Monsieur le rieur, malgré vos beaux esprits,
J'estime plus cela que la pompe fleurie
De tous ces faux brillans, où chacun se récrie.

    ORONTE.

Et moi, je vous soutiens que mes vers sont fort bons.

ALCESTE.
Pour les trouver ainsi, vous avez vos raisons ;
Mais vous trouverez bon que j'en puisse avoir d'autres
Qui se dispenseront de se soumettre aux vôtres.
ORONTE.
Il me suffit de voir que d'autres en font cas.
ALCESTE.
C'est qu'ils ont l'art de feindre, & moi, je ne l'ai pas.
ORONTE.
Croyez-vous donc avoir tant d'esprit en partage ?
ALCESTE.
Si je louois vos vers, j'en aurois davantage.
ORONTE.
Je me passerai fort que vous les approuviez.
ALCESTE.
Il faut bien, s'il vous plaît, que vous vous en passiez.
ORONTE.
Je voudrois bien, pour voir, que, de votre maniere,
Vous en composassiez sur la même matiere.
ALCESTE.
J'en pourrois, par malheur, faire d'aussi méchans ;
Mais je me garderois de les montrer aux gens.
ORONTE.
Vous me parlez bien ferme, & cette suffisance...
ALCESTE.
Autre part que chez moi, cherchez qui vous encense.
ORONTE.
Mais mon petit Monsieur, prenez-le un peu moins haut.
ALCESTE.
Ma foi, mon grand Monsieur, je le prends comme il faut.
PHILINTE *se mettant entre deux.*
Hé ! Messieurs, c'en est trop. Laissez cela, de grace.

COMEDIE.

ORONTE.
Ah ! j'ai tort, je l'avoue, & je quitte la place.
Je suis votre valet, Monsieur, de tout mon cœur.
ALCESTE.
Et moi, je suis, Monsieur, votre humble serviteur.

SCENE III.

PHILINTE, ALCESTE.

PHILINTE.
Hé bien, vous le voyez. Pour être trop sincere,
Vous voilà, sur le bras, une fâcheuse affaire ;
Et j'ai bien vu qu'Oronte, afin d'être flatté....
ALCESTE.
Ne me parlez pas.
PHILINTE.
  Mais.....
ALCESTE.
    Plus de société.
PHILINTE.
C'est trop....
ALCESTE.
Laissez-moi-là.
PHILINTE.
    Si je....
ALCESTE.
      Point de langage.
PHILINTE.
Mais quoi....
ALCESTE.
Je n'entends rien.
PHILINTE.
    Mais....

LE MISANTHROPE,

ALCESTE.
Encore ?
PHILINTE.
On outrage....
ALCESTE.
Ah! Parbleu, c'en eſt trop. Ne ſuivez point mes pas.
PHILINTE.
Vous vous moquez de moi, je ne vous quitte pas.

Fin du premier Acte.

ACTE II.

SCENE PREMIERE.
ALCESTE, CELIMENE.

ALCESTE
Madame, voulez-vous que je vous parle net?
De vos façons d'agir je suis mal satisfait,
Contr'elles dans mon cœur trop de bile s'assemble,
Et je sens qu'il faudra que nous rompions ensemble,
Oui, je vous tromperois de parler autrement,
Tôt ou tard nous rompons indubitablement;
Et je vous promettrois mille fois le contraire,
Que je ne serois pas en pouvoir de le faire.
CELIMENE.
C'est pour me quereller, donc à ce que je voi,
Que vous avez voulu me ramener chez moi?
ALCESTE.
Je ne querelle point. Mais votre humeur, Madame,
Ouvre au premier venu trop d'accès dans votre ame,
Vous avez trop d'amans qu'on voit vous obséder,
Et mon cœur, de cela, ne peut s'accommoder.
CELIMENE.
Des Amans que je fais me rendez-vous coupable?
Puis-je empêcher les gens de me trouver aimable?
Et, lorsque, pour me voir, ils font de doux efforts,
Dois-je prendre un bâton pour les mettre dehors?
ALCESTE.
Non, ce n'est pas, Madame, un bâton qu'il faut prendre.
Mais un cœur, à leurs vœux, moins facile & moins tendre,
Je sçais que vos appas vous suivent en tous lieux;

Mais votre accueil retient ceux qu'attirent vos yeux.
Et sa douceur offerte à qui vous rend les armes,
Acheve sur les cœurs l'ouvrage de vos charmes.
Le trop riant espoir que vous leur presentez,
Attache autour de vous leurs assiduités ;
Et votre complaisance, un peu moins étenduë,
De tant de soupirans chasseroit la cohuë.
Mais, au moins, dites-moi, Madame, par quel sort,
Votre Clitandre à l'heur de vous plaire si fort ;
Sur quel fonds de mérite & de vertu sublime,
Appuyez-vous, en lui, l'honneur de votre estime !
Est-ce par l'ongle long qu'il porte au petit doigt,
Qu'il s'est acquis chez vous l'estime où l'on le voit ?
Vous êtes-vous renduë, avec tout le beau monde,
Au mérite éclatant de sa perruque blonde ?
Sont-ce ses grands canons qui vous le font aimer ?
L'amas de ses rubans a-t-il sçu vous charmer ?
Est-ce par les appas de sa vaste réingrave,
Qu'il a gagné votre ame en faisant votre esclave ;
Ou sa façon de rire, & son ton de fausset,
Ont-ils de vous toucher sçu trouver le secret ?

CELIMENE.

Qu'injustement, de lui, vous prenez de l'ombrage ?
Ne sçavez-vous pas bien, pourquoi je le ménage ?
Et que dans mon Procès, ainsi qu'il m'a promis,
Il peut intéresser tout ce qu'il a d'amis ?

ALCESTE.

Perdez votre Procès, Madame, avec constance ;
Et ne ménagez point un rival qui m'offense.

CELIMENE.

Mais, de tout l'Univers, vous devenez jaloux.

ALCESTE.

C'est que tout l'Univers est bien reçu de vous.

CELIMENE.

C'est ce qui doit rasseoir votre ame effarouchée,
Puisque ma complaisance est sur tout épanchée ?

COMEDIE.

Et vous auriez plus lieu de vous en offenser,
Si vous me la voyiez sur un seul ramasser.
ALCESTE.
Mais, moi, que vous blâmiez de trop de jalousie,
Qu'ai-je de plus qu'eux tous, Madame, je vous prie ?
CELIMENE.
Le bonheur de sçavoir que vous êtes aimé.
ALCESTE.
Et quel lieu de le croire, à mon cœur enflammé ?
CELIMENE.
Je pense qu'ayant pris le soin de vous le dire,
Un aveu de la sorte a de quoi vous suffire.
ALCESTE.
Mais qui m'assurera que dans le même instant,
Vous n'en disiez, peut-être, aux autres tout autant ?
CELIMENE.
Certes, pour un amant, la fleurette est mignonne,
Et vous me traitez-là de gentille personne.
Hé bien, pour vous ôter d'un semblable souci,
De tout ce que j'ai dit, je me dédis ici ;
Et rien ne sçauroit plus vous tromper que vous-même :
Soyez content.
ALCESTE.
Morbleu ! Faut-il que je vous aime ?
Ah, que si de vos mains je ratrape mon cœur,
Je bénirai le Ciel de ce rare bonheur !
Je ne le cele pas, je fais tout mon possible
A rompre de ce cœur l'attachement terrible ;
Mais mes plus grands efforts n'ont rien fait jusqu'ici,
Et c'est pour mes péchés que je vous aime ainsi.
CELIMENE.
Il est vrai, votre ardeur est pour moi sans seconde.
ALCESTE.
Oui, je puis là-dessus défier tout le monde.
Mon amour ne se peut concevoir, & jamais
Personne n'a, Madame, aimé comme je fais.
CELIMENE.
En effet, la méthode en est toute nouvelle,

LE MISANTHROPE,

Car vous aimez les gens pour leur faire querelle ?
Ce n'est qu'en mots fâcheux qu'éclate votre ardeur ?
Et l'on n'a vu jamais un amant si grondeur.

ALCESTE.

Mais il ne tient qu'à vous que son chagrin ne passe.
A tous nos démêlés coupons chemin de grace,
Parlons à cœur ouvert, & voyons d'arrêter....

SCENE II.

CÉLIMENE, ALCESTE, BASQUE.

CÉLIMENE.

Qu'est-ce ?

BASQUE.

Acaste est là-bas.

CÉLIMENE.

Hé bien, faites monter.

SCENE III.

CÉLIMENE, ALCESTE.

ALCESTE.

Quoi, l'on ne peut jamais vous parler tête à tête ?
A recevoir le monde, on vous voit toujours prête ?
Et vous ne pouvez pas, un seul moment de tous,
Vous résoudre à souffrir de n'être pas chez vous ?

CÉLIMENE.

Voulez-vous qu'avec lui je me fasse une affaire ?

ALCESTE.

Vous avez des égards qui ne sçauroient me plaire.

COMEDIE. 27
CELIMENE.
C'est un homme à jamais ne me le pardonner,
S'il sçavoit que sa vue eût pu m'importuner.
ALCESTE.
Et que vous fait cela, pour vous gêner de sorte...
CELIMENE.
Mon Dieu! De ses pareils la bienveillance importe?
Et ce sont de ces gens, qui, je ne sçais comment,
Ont, gagné, dans la cour, de parler hautement.
Dans tous les entretiens on les voit s'introduire,
Ils ne sçauroient servir, mais ils peuvent vous nuire;
Et jamais, quelque appui qu'on puisse avoir d'ailleurs,
On ne doit se brouiller avec ces grands brailleurs.
ALCESTE.
Enfin, quoi qu'il en soit, & sur quoi qu'on se fonde,
Vous trouvez des raisons pour souffrir tout le monde;
Et les précautions de votre jugement...

SCENE IV.

ALCESTE, CÉLIMENE, BASQUE.

BASQUE.
Voici Clitandre, encor, Madame.
ALCESTE.
                              Justement.
CELIMENE.
Où courez-vous?
ALCESTE.
Je sors.
CELIMENE.
               Demeurez.
ALCESTE.
                              Pourquoi faire?

CÉLIMENE.

Demeurez.

ALCESTE.

Je ne puis.

CÉLIMENE.

Je ne le veux.

ALCESTE.

Point d'affaire,
Ces conversations ne font que m'ennuyer,
Et c'est trop que vouloir me le faire essuyer.

CÉLIMENE.

Je le veux, je le veux.

ALCESTE.

Non, il m'est impossible.

CÉLIMENE.

Hé bien, allez, sortez, il vous est tout loisible.

SCENE V.

ELIANTE, PHILINTE, ACASTE, CLIANDRE, ALCESTE, CÉLIMENE, BASQUE.

ÉLIANTE à Célimene.

Voici les deux Marquis, qui montent avec nous,
Vous l'est-on venu dire !

CÉLIMENE.

(à Basque.)
Oui. Des sieges pour tous.
(Basque donne des sieges, & sort.)
(à Alceste.)
Vous n'êtes pas sorti ?

ALCESTE.

Non ; mais je veux, Madame,
Ou pour eux, ou pour moi, faire expliquer votre ame.

COMEDIE.
CELIMENE.
Taifez-vous.
ALCESTE.
Aujourd'hui, vous vous expliquerez.
CELIMENE.
Vous perdez le fens.
ALCESTE.
Point. Vous vous déclarez.
CELIMENE.
Ah !
ALCESTE.
Vous prendrez parti.
CELIMENE.
Vous vous moquez, je penfe.
ALCESTE.
Non. Mais vous choifirez, c'eft trop de patience.
CLITANDRE.
Parbleu, je viens du louvre, où Cléonte, au levé,
Madame, a bien paru ridicule achevé.
N'a-t-il point quelque ami qui pût, fur fes manieres,
D'un charitable avis lui prêter les lumieres.
CELIMENE.
Dans le monde, à vrai dire, il fe barbouille fort ?
Par-tout, il porte un air qui faute aux yeux d'abord ;
Et, lorfqu'on le revoit après un peu d'abfence,
On le retrouve encor plus plein d'extravance.
ACASTE.
Parbleu, s'il faut parler des gens extravagans,
Je viens d'en effuyer un des plus fatigans ;
Damon, le raifonneur, qui m'a, ne vous déplaife,
Une heure, au grand foleil, tenu hors de ma chaife.
CELIMENE.
C'eft un parleur étrange, & qui trouve toujours
L'art de ne vous rien dire avec de grands difcours ;
Dans les propos qu'il tient, on ne voit jamais goutte ;

Et ce n'eſt que du bruit, que tout ce qu'on écoute.
ELIANTE à Philinte.
Ce début n'eſt pas mal; &, contre le prochain,
La converſation prend un aſſez bon train.
CLITANDRE.
Timante, encor, Madame, eſt un bon caractere.
CELIMENE.
C'eſt, de la tête aux pieds une, homme tout myſtere,
Qui vous jette, en paſſant, un coup d'œil égaré,
Et ſans aucune affaire, eſt toujours affairé.
Tout ce qu'il vous débite, en grimaces abonde;
A force de façon, il aſſomme le monde;
Sans ceſſe il a, tout bas, pour rompre l'entretien,
Un ſecret à vous dire, & ce ſecret n'eſt rien;
De la moindre vécille il fait une merveille,
Et; juſques au bon jour, il dit tout à l'oreille.
ACASTE.
Et Géralde, Madame ?
CELIMENE.
O l'ennuyeux conteur!
Jamais on ne le voit ſortir du grand Seigneur.
Dans le brillant commerce il ſe méle ſans ceſſe,
Et ne cite jamais que Duc, Prince, ou Princeſſe.
La qualité l'entéte, & tous ſes entretiens
Ne ſont que de chevaux, d'équipage & des chiens;
Il tutaie, en parlant, ceux du plus haut étage,
Et le nom de Monſieur eſt chez lui hors d'uſage.
CLITANDRE.
On dit qu'avec Béliſe, il eſt du dernier bien.
CELIMENE.
Le pauvre eſprit de femme, & le ſec entretien!
Lorſqu'elle vient me voir, je ſouffre le martyre,
Il faut ſuer ſans ceſſe à chercher que lui dire;
Et la ſtérilité de ſon expreſſion,
Fait mourir à tous coups la converſation.
En vain, pour attaquer ſon ſtupide ſilence,
De tous les lieux communs, vous prenez l'aſſiſtance;

Le beau tems & la pluie, & le froid & le chaud,
Sont des fonds qu'avec elle on épuise bientôt.
Cependant sa visite, assez insupportable,
Traîne en une longueur encore éprouvantable;
Et l'on demande l'heure, & l'on bâille vingt fois,
Qu'elle s'émeut autant qu'une piece de bois.

ACASTE.

Que vous semble d'Adraste?

CELIMENE.

Ah, quel orgueil extrême !
C'est un homme gonflé de l'amour de soi-même,
Son mérite jamais n'est content de la Cour,
Contr'elle il fait métier de pester chaque jour,
Et l'on ne donne emploi, charge, ni bénéfice,
Qu'à tout ce qu'il se croit on ne fasse injustice.

CLITANDRE.

Mais le jeune Cléon, chez qui vont aujour d'hui
Nos plus honnêtes-gens, que dites-vous de lui?

CELIMENE.

Que de son cuisinier il s'est fait un mérite,
Et que c'est à sa table à qui l'on rend visite.

ELIANTE.

Il prend soin d'y servir des mets fort délicats.

CELIMENE.

Oui; mais je voudrois bien qu'il ne s'y servît pas;
C'est un fort méchant plat, que sa sotte personne;
Et, qui gâte, à mon goût, tous les repas qu'il donne.

PHILINTE.

On fait assez de cas de son oncle Damis;
Qu'en dites-vous, Madame?

CELIMENE.

Il est de mes amis.

PHILINTE.

Je le trouve honnête-homme, & d'un air assez sage.

CELIMENE.

Oui; mais il veut avoir trop d'esprit, dont j'enrage.
Il est guindé sans cesse; & dans tous ses propos
On voit qu'il se travaille à dire de bons mots.

B 4

Depuis que, dans la tête, il s'eſt mis d'être habile ;
Rien ne touche ſon goût, tant il eſt difficile :
Il veut voir, des défauts à tout ce qu'on écrit ;
Et penſe que louer n'eſt pas d'un bel eſprit,
Que c'eſt être ſçavant que trouver à redire,
Qu'il n'apartient qu'aux ſots d'admirer & de rire,
Et qu'en n'approuvant rien des ouvrages du tems,
Il ſe met au-deſſus de tous les autres gens :
Aux converſations, même il trouve à reprendre,
Ce ſont propos trop bas pour y daigner deſcendre ;
Et, les deux bras croiſés, du haut de ſon eſprit,
Il regarde en pitié tout ce que chacun dit.

ACASTE.
Dieu me damne, voilà ſon portrait véritable.

CLITANDRE à *Célimene.*
Pour bien peindre les gens vous êtes admirable.

ALCESTE.
Allons, ferme, pouſſez, mes bons amis de Cour,
Vous n'en épargnez point & chacun a ſon tour :
Cependant aucun d'eux à vos yeux ne ſe montre,
Qu'on ne vous voie, en hâte, aller à ſa rencontre,
Lui preſenter la main, &, d'un baiſer flatteur,
Appuyer les fermens d'être ſon ſerviteur.

CLITANDRE.
Pourquoi s'en prendre à nous ? Si ce qu'on dit vous bleſſe,
Il faut que le reproche à Madame s'adreſſe.

ALCESTE.
Non, morbleu, c'eſt à vous ; & vos ris complaiſans
Tirent de ſon eſprit tous ces traits médiſans.
Son humeur ſatyrique eſt ſans ceſſe nourrie,
Par le coupable encens de votre flatterie ;
Et ſon cœur à railler trouveroit moins d'appas,
S'il avoit obſervé qu'on ne l'applaudit pas.
C'eſt ainſi qu'aux flatteurs on doit par-tout ſe prendre,
Des vices où l'on voit les humains ſe répandre.

COMEDIE.
PHILINTE.
Mais pourquoi, pour ces gens, un intérêt si grand,
Vous, qui condamneriez ce qu'en eux on reprend ?
CELIMENE.
Et ne faut-il pas bien que Monsieur contredise ?
A la commune voix veut-on qu'il se réduise ?
Et qu'il ne fasse pas éclater en tous lieux
L'esprit contrariant qu'il a reçu des Cieux ?
Le sentiment d'autrui n'est jamais pour lui plaire,
Il prend toujours en main l'opinion contraire :
Et penseroit paroître un homme du commun,
Si l'on voyoit qu'il fût de l'avis de quelqu'un.
L'honneur de contredire a pour lui tant de charmes,
Qu'il prend, contre lui-même, assez souvent les armes ;
Et ses vrais sentimens sont combattus par lui,
Aussi-tôt qu'il les voit dans la bouche d'autrui.
ALCESTE.
Les rieurs sont pour vous, Madame, c'est tout dire ;
Et vous pouvez pousser contre moi la satyre.
PHILINTE.
Mais il est véritable aussi que votre esprit
Se gendarme toujours contre tout ce qu'on dit ;
Et que, par un chagrin que lui-même il avoue,
Il ne sçauroit souffrir qu'on blâme ni qu'on loue.
ALCESTE.
C'est que jamais, morbleu, les hommes n'ont raison,
Que le chagrin contr'eux est toujours de saison,
Et que je vois qu'ils sont, sur toutes les affaires,
Loueurs impertinens, ou censeurs téméraires.
CELIMENE.
Mais....
ALCESTE.
Non, Madame, non, quand j'en devrois mourir,
Vous avez des plaisirs que je ne puis souffrir ;
Et l'on a tort ici de nourrir dans votre ame
Ce grand attachement aux défauts qu'on y blâme.

B 5

LE MISANTHROPE,

CLITANDRE.

Pour moi, je ne sçais pas ; mais j'avouerai tout haut,
Que j'ai cru jusqu'ici Madame sans défaut.

ACASTE.

De graces & d'attrais, je vois qu'elle est pourvue ;
Mais les défauts qu'elle a ne frappent point ma vue.

ALCESTE.

Ils frappent tous la mienne ; &, loin de m'en cacher,
Elle sçait que j'ai soin de les lui reprocher.
Plus on aime quelqu'un, moins il faut qu'on le flatte ;
A ne rien pardonner le pur amour éclate,
Et je bannirois, moi, tous ces lâches amans
Que je verrois soumis à tous mes sentimens,
Et dont, à tous propos, les molles complaisances
Donneroient de l'encens à mes extravagances.

CELIMENE.

Enfin, s'il faut qu'à vous s'en rapportent les cœurs,
On doit, pour bien aimer, renoncer aux douceurs ;
Et du parfait amour mettre l'honneur suprême,
A bien injurier les personnes qu'on aime.

ELIANTE.

L'amour, pour l'ordinaire, est peu fait à ces loix,
Et l'on voit les amans vanter toujours leur choix.
Jamais leur passion n'y voit rien de blâmable,
Et, dans l'objet aimé tout leur devient aimable ;
Ils comptent les défauts pour des perfections,
Et sçavent y donner de favorables noms.
La pâle est aux jasmins en blancheur comparable ;
La noire à faire peur, une brune adorable ;
La maigre a de la taille & de la liberté ;
La grasse est, dans son port, pleine de majesté ;
La mal propre sur soi, de peu d'attraits chargée,
Est mise sous le nom de beauté négligée ;
La géante paroît une déesse aux yeux ;
La naine, un abregé des merveilles des cieux ;
L'orgueilleuse a le cœur digne d'une couronne ;
La fourbe, a de l'esprit ; la sotte est toute bonne ;

La trop grande parleuse est d'agréable humeur ;
Et la muette garde une honnête pudeur.
C'est ainsi qu'un amant, dont l'amour est extrême,
Aime jusqu'aux défauts des personnes qu'il aime.

ALCESTE.

Et moi, je soutiens, moi....

CELIMENE.

Brisons-là ce discours,
Et dans la galerie allons faire deux tours.
Quoi ! vous vous en allez, Messieurs ?

CLITANDRE & ACASTE.

Non pas, Madame.

ALCESTE.

La peur de leur départ occupe fort votre ame.
Sortez, quand vous voudrez, Messieurs ; mais j'avertis
Que je ne sors qu'après que vous serez sortis.

ACASTE.

A moins de voir Madame en être importunée,
Rien ne m'apelle ailleurs de toute la journée.

CLITANDRE.

Moi, pourvu que je puisse être au petit couché,
Je n'ai point d'autre affaire où je sois attaché.

CELIMENE *à Alceste.*

C'est pour rire, je crois.

ALCESTE.

Non, en aucune sorte.
Nous verrons si c'est moi que vous voudrez qui sorte.

SCENE VI.

ALCESTE, CELIMENE, ELIANTE, ACASTE, PHILINTE, CLITANDRE, BASQUE.

BASQUE *à Alceste.*

Monsieur, un homme est-là, qui voudroit vous parler
Pour affaire, dit-il, qu'on ne peut reculer.
ALCESTE.
Dis-lui que je n'ai point d'affaires si pressées.
BASQUE.
Il porte une jaquette à grand'basques plissées,
Avec du d'or dessus.
CELIMENE *à Alceste.*
Allez voir ce que c'est,
Ou bien faites-le entrer.

SCENE VII.

ALCESTE, CELIMENE, ELIANTE, ACASTE, PHILINTE, CLITANDRE, UN GARDE de la Maréchaussée.

ALCESTE *allant au-devant du Garde.*

Qu'est-ce donc qu'il vous plaît ?
Venez, Monsieur.
LE GARDE.
Monsieur, j'ai deux mots à vous dire.
ALCESTE.
Vous pouvez parler haut, Monsieur, pour m'en instruire.

COMEDIE.

LE GARDE.
Meſſieurs les Maréchaux, dont j'ai commandement,
Vous mandent de venir les trouver promptement,
Monſieur.

ALCESTE.
Qui ? Moi, Monſieur ?

LE GARDE.
Vous-même.

ALCESTE.
Et pourquoi faire ?

PHILINTE à *Alceſte*.
C'eſt d'Oronte & de vous la ridicule affaire.

CELIMENE à *Philinte*.
Comment ?

PHILINTE.
Oronte & lui, ſe ſont tantôt bravés
Sur certains petits vers, qu'il n'a pas approuvés ;
Et l'on veut aſſoupir la choſe en ſa naiſſance.

ALCESTE.
Moi, je n'aurai jamais de lâche complaiſance.

PHILINTE.
Mais il faut ſuivre l'ordre, allons, diſpoſez-vous.

ALCESTE.
Quel accommodement veut-on faire entre nous ?
La voix de ces Meſſieurs me condamnera-t-elle
A trouver bon les vers qui font notre querelle ?
Je ne me dédis point de ce que j'en ai dit,
Je les trouve méchans.

PHILINTE.
Mais, d'un plus doux eſprit…

ALCESTE.
Je n'en démordrai point, les vers ſont exécrables,

PHILINTE.
Vous devez faire voir des ſentimens traitables.
Allons, venez.

ALCESTE.
J'irai ; mais rien n'aura pouvoir
De me faire dédire.

PHILINTE.
                    Allons vous faire voir.
          ALCESTE.
Hors qu'un commandement exprès du Roi me vienne,
De trouver bon les vers dont on se met en peine ;
Je soutiendrai toujours, morbleu, qu'ils font mauvais ;
Et qu'un homme est pendable après les avoir faits.
          (à *Clitandre & Acaste qui rient.*)
Par la sembleu, Messieurs, je ne croyois pas être
Si plaisant que je suis.
          CELIMENE.
                    Allez vîte paroître
Où vous devez.
          ALCESTE
          J'y vais, Madame ; &, sur mes pas,
Je reviens en ce lieu pour vuider nos débats.

Fin du second Acte.

ACTE III.

SCENE PREMIERE.
CLITANDRE, ACASTE.

CLITANDRE.

Cher Marquis, je te vois l'ame bien satisfaite,
Toute chose t'égaie, & rien ne t'inquiéte.
En bonne foi, crois-tu, sans t'éblouir les yeux,
Avoir de grands sujets de paroître joyeux ?

ACASTE.

Parbleu, je ne vois pas, lorsque je m'examine,
Où prendre aucun sujet d'avoir l'ame chagrine.
J'ai du bien, je suis jeune, & sors d'une maison
Qui se peut dire noble avec quelque raison ;
Et je crois, par le rang que me donne ma race,
Qu'il est fort peu d'emplois dont je ne sois en passe,
Pour le cœur, dont sur-tout nous devons faire cas,
On sçait, sans vanité, que je n'en manque pas ;
Et l'on m'a vu pousser, dans le monde, une affaire
D'une assez vigoureuse & gaillarde maniere.
Pour de l'esprit, j'en ai sans doute, & du bon goût,
A juger sans étude & raisonner, de tout ;
A faire aux nouveautés, dont je fus idolâtre,
Figure de sçavant sur les bancs du Théatre ;
Y décider en chef, & faire du fracas
A tous les beaux endroits qui méritent des Ahs.
Je suis assez adroit, j'ai bon air, bonne mine,
Les dents belles, sur-tout, & la taille fort fine ;
Quant à se mettre bien, je crois, sans me flatter,
Qu'on seroit mal venu de me le disputer.
Je me vois dans l'estime, autant qu'on y puisse être,

Fort aimé du beau sexe, & bien auprès du maître.
Je crois qu'avec cela, mon cher Marquis, je croi
Qu'on, peut, par-tout pays, être content de soi.
CLITANDRE.
Oui. Mais, trouvant ailleurs des conquêtes faciles
Pourquoi pousser ici des soupirs inutiles ?
ACASTE.
Moi ? Parbleu, je ne suis de taille, ni d'humeur,
A pouvoir d'une belle essuyer la froideur.
C'est aux gens mal tournés, aux mérites vulgaires,
A brûler constamment pour des beautés sévéres ;
A languir à leurs pieds & souffrir leurs rigueurs,
A chercher le secours des soupirs & des pleurs,
Et tâcher, par des soins d'une très-longue suite,
D'obtenir ce qu'on nie à leur peu de mérite.
Mais les gens de mon air, Marquis, ne sont pas faits
Pour aimer à crédit, & faire tous les frais.
Quelque rare que soit le mérite des belles,
Je pense, Dieu merci, qu'on vaut son prix comme elles ;
Que, pour se faire honneur d'un cœur comme le mien,
Ce n'est pas la raison qu'il ne leur coûte rien ;
Et qu'au moins, à tout mettre en de justes balances,
Il faut qu'à frais communs se fassent les avances.
CLITANDRE.
Tu penses donc, Marquis, être fort bien ici ?
ACASTE.
J'ai quelque lieu, Marquis, de le penser ainsi.
CLITANDRE.
Crois-moi, détaches-toi de cette erreur extrême:
Tu te flattes, mon cher, & t'aveugles toi-même.
ACASTE.
Il est vrai, je me flatte, & m'aveugle en effet.
CLITANDRE.
Mais qui te fait juger ton bonheur si parfait ?

COMÉDIE.

ACASTE.
Je me flatte.

CLITANDRE.
Surquoi fonder tes conjectures ?

ACASTE.
Je m'aveugle.

CLITANDRE.
En as-tu des preuves qui soient sûres ?

ACASTE.
Je m'abuse, te dis-je.

CLITANDRE.
Est-ce que, de ses vœux,
Célimene t'a fait quelques secrets aveux ?

ACASTE.
Non, je suis maltraité.

CLITANDRE.
Réponds-moi, je te prie.

ACASTE.
Je n'ai que des rebuts.

CLITANDRE.
Laissons la raillerie,
Et me dis quel espoir on peut t'avoir donné.

ACASTE.
Je suis le misérable, & toi le fortuné ;
On a pour ma personne une aversion grande,
Et, quelqu'un de ces jours, il faut que je me pende.

CLITANDRE.
Oh çà, veux-tu, Marquis, pour ajuster nos vœux,
Que nous tombions d'accord d'une chose tous deux ?
Que, qui pourra montrer une marque certaine
D'avoir meilleure part au cœur de Célimene,
L'autre ici fera place au vainqueur prétendu,
Et le délivrera d'un rival assidu ?

ACASTE.
Ah, parbleu, tu me plais avec un tel langage,
Et, du bon de mon cœur, à cela je m'engage.
Mais, chut.

SCENE II.

CELIMENE, ACASTE, CLITANDRE.

CELIMENE.

ENcore, ici?
CLITANDRE.
L'amour retient nos pas.
CELIMENE.
Je viens d'ouïr entrer un carroſſe là-bas,
Sçavez-vous qui c'eſt?
CLITANDRE.
Non.

SCENE III.

CELIMENE, ACASTE, CLITANDRE, BASQUE.

BASQUE.

ARſinoé, Madame,
Monte ici pour vous voir.
CELIMENE.
Que me veut cette femme?
BASQUE.
Eliante là-bas eſt à l'entretenir.
CELIMENE.
De quoi s'aviſe-t-elle, & qui la fait venir?
ACASTE.
Pour prude conſommée, en tous lieux elle paſſe,
Et l'ardeur de ſon zele....
CELIMENE.
Oui, oui, franche grimace.

COMEDIE.

Dans l'ame, elle est du monde, & ses soins tentent tout.
Pour accrocher quelqu'un, sans en venir à bout.
Elle ne sçauroit voir qu'avec un œil d'envie,
Les amans déclarés, dont une autre est suivie,
Et son triste mérite abandonné de tous,
Contre le ciel aveugle, est toujours en courroux.
Elle tâche à couvrir d'un faux voile de prude,
Ce que chez elle on voit d'affreuse solitude;
Et, pour sauver l'honneur de ses foibles appas,
Elle attache du crime au pouvoir qu'ils n'ont pas.
Cependant un amant plairoit fort à la Dame.
Et même, pour Alceste, elle a tendresse d'ame.
Ce qu'il me rend de soins outrage ses attraits,
Elle veut que ce soit un vol que je lui fais;
Et son jaloux dépit, qu'avec peine elle cache,
En tous endroits, sous main, contre moi se détache.
Enfin, je n'ai rien vu de si sot à mon gré,
Elle est impertinente au suprême degré,
Et...

SCENE IV.

ARSINOÉ, CELIMENE, CLITANDRE, ACASTE.

CELIMENE.

AH! Quel heureux sort en ce lieu vous amene?
Madame, sans mentir, j'étois de vous en peine.
ARSINOE.
Je viens pour quelque avis que j'ai cru vous devoir.
CELIMENE.
Ah, mon Dieu, que je suis contente de vous voir!
(*Clitandre & Acaste sortent en riant.*)

SCENE V.
ARSINOÉ, CELIMENE.
ARSINOÉ.

LEur départ ne pouvoit plus à propos se faire.
CELIMENE.
Voulons-nous nous asseoir ?
ARSINOÉ.
Il n'est pas nécessaire.
Madame, l'amitié doit sur-tout éclater
Aux choses qui le plus nous peuvent importer ;
Et, comme il n'en est point de plus grande importance
Que celles de l'honneur & de la bienséance,
Je viens, par un avis qui touche votre honneur,
Témoigner l'amitié que pour vous a mon cœur.
Hier j'étois chez des gens de vertu singuliere,
Où, sur vous, du discours on tourna la matiere,
Et là, votre conduite, avec ses grands éclats,
Madame, eut le malheur qu'on ne la loua pas.
Cette foule de gens dont vous souffrez visite,
Votre galanterie, & les bruits qu'elle excite,
Trouverent des censeurs plus qu'il n'auroit fallu,
Et bien plus rigoureux que je n'eusse voulu.
Vous pouvez bien penser quel parti je sçus prendre ;
Je fis ce que je pus pour vous pouvoir défendre,
Je vous excusai fort sur votre intention,
Et voulus de votre ame être la caution.
Mais vous sçavez qu'il est des choses dans la vie
Qu'on ne peut excuser, quoiqu'on en ait envie ;
Et je me vis contrainte à demeurer d'accord
Que l'air dont vous viviez, vous faisoit un peu tort,
Qu'il prenoit dans le monde une méchante face,

COMEDIE.

Qu'il n'est conte fâcheux que par-tout on n'en fasse,
Et que, si vous vouliez, tous vos déportemens
Pourroient moins donner prise aux mauvais juge-
 mens.
Non, que j'y croie au fonds l'honnêteté blessée;
Me préserve le Ciel d'en avoir la pensée!
Mais, aux ombres du crime, on prête aisément foi,
Et ce n'est pas assez de bien vivre pour soi.
Madame, je vous crois l'ame trop raisonnable,
Pour ne pas prendre bien cet avis profitable,
Et pour ne l'attribuer qu'aux mouvemens secrets
D'un zele qui m'attache à tous vos intérêts.

CELIMENE.
Madame, j'ai beaucoup de graces à vous rendre,
Un tel avis m'oblige, &, loin de le mal prendre,
J'en prétends reconnoître à l'instant la faveur,
Par un avis aussi qui touche votre honneur;
Et, comme je vous vois vous montrer mon amie,
En m'apprenant les bruits que de moi l'on publie,
Je veux suivre, à mon tour, un exemple si doux,
En vous avertissant de ce qu'on dit de vous.
 En un lieu, l'autre jour, où je faisois visite,
Je trouvai quelques gens d'un très-rare mérite,
Qui, parlant des vrais soins d'une ame qui vit bien,
Firent tomber sur vous, Madame, l'entretien.
Là, votre pruderie & vos éclats de zele
Ne furent pas cités comme un fort bon modele;
Cette affectation d'un grave extérieur,
Vos discours éternels de sagesse & d'honneur,
Vos mines & vos cris aux ombres d'indécence;
Que d'un mot ambigu peut avoir l'innocence,
Cette hauteur d'estime où vous êtes de vous,
Et ces yeux de pitié que vous jettez sur tous,
Vos fréquentes leçons & vos aigres censures
Sur des choses qui sont innocentes & pures;
Tout cela, si je puis vous parler franchement,
Madame, fut blâmé d'un commun sentiment.
A quoi bon, disoient-ils, *cette mine modeste*,

Et ce sage dehors que dément tout le reste?
Elle est à bien prier exacte au dernier point;
Mais elle bat ses gens, & ne les paye point.
Dans tous les lieux dévots, elle étale un grand zele;
Mais elle met du blanc, & veut paroître belle.
Elle fait, des tableaux, couvrir les nudités;
Mais elle a de l'amour pour les réalités.
 Pour moi, contre chacun, je pris votre défense,
Et leur assurai fort que c'étoit médisance;
Mais tous les sentimens combattirent le mien,
Et leur conclusion fut, que vous feriez bien
De prendre moins de soin des actions des autres,
Et de vous mettre un peu plus en peine des vôtres;
Qu'on doit se regarder soi-même un fort long-tems,
Avant que de songer à condamner les gens;
Qu'il faut mettre le poids d'une vie exemplaire,
Dans les corrections qu'aux autres on veut faire;
Et qu'encor vaut-il mieux s'en remettre, au besoin,
A ceux à qui le Ciel en a commis le soin.
Madame, je vous crois aussi trop raisonnable,
Pour ne pas prendre bien cet avis profitable,
Et pour ne l'attribuer qu'aux mouvemens secrets
D'un zele qui m'attache à tous vos intérêts.

ARSINOE.

A quoi qu'en reprenant on soit assujettie,
Je ne m'attendois pas à cette répartie,
Madame, & je vois bien par ce qu'elle a d'aigreur,
Que mon sincere avis vous a blessée au cœur.

CELIMENE.

Au contraire, Madame; &, si l'on étoit sage,
Ces avis mutuels seroient mis en usage.
On détruiroit par-là, traitant de bonne-foi,
Ce grand aveuglement où chacun est pour soi.
Il ne tiendra qu'à vous qu'avec le même zele
Nous ne continuyons cet office fidele,
Et ne prenions grand soin de nous dire, entre nous,
Ce que nous entendrons, vous, de moi, moi, de
 vous.

COMEDIE.

ARSINOE.

Ah ! Madame, de vous je ne puis rien entendre ;
C'eſt en moi que l'on peut trouver fort à reprendre.

CELIMENE.

Madame, on peut, je crois, louer & blâmer tout ;
Et chacun a raiſon ſuivant l'âge ou le goût.
Il eſt une ſaiſon pour la galanterie,
Il en eſt une auſſi propre à la pruderie.
On peut, par politique, en prendre le parti,
Quand, de nos jeunes ans, l'éclat eſt amorti ;
Cela ſert à couvrir de fâcheuſes diſgraces.
Je ne dis pas qu'un jour je ne ſuive vos traces,
L'âge amenera tout ; & ce n'eſt pas le tems,
Madame, comme on ſait, d'être prude à vingt ans.

ARSINOE.

Certes, vous vous targuez d'un bien foible avantage,
Et vous faites ſonner terriblement votre âge.
Ce que de plus que vous on en pourroit avoir,
N'eſt pas d'un ſi grand cas pour s'en tant prévaloir ;
Et je ne ſçais pourquoi votre ame ainſi s'emporte,
Madame, à me pouſſer de cette étrange ſorte.

CELIMENE.

Et moi, je ne ſçais pas, Madame, auſſi pourquoi,
On vous voit en tous lieux vous déchaîner ſur moi.
Faut-il de vos chagrins ſans ceſſe à moi vous prendre ?
Et puis-je, mais des ſoins qu'on ne va pas vous rendre ?
Si ma perſonne aux gens inſpire de l'amour,
Et ſi l'on continue à m'offrir chaque jour
Des vœux que votre cœur peut ſouhaiter qu'on m'ôte,
Je n'y ſçaurois que faire, & ce n'eſt pas ma faute ;
Vous avez le champ libre, & je n'empêche pas
Que pour les attirer, vous n'ayez des appas.

ARSINOE.

Hélas ! Et croyez-vous que l'on ſe mette en peine
De ce nombre d'amans dont vous faites la vaine ?

Et qu'il ne nous soit pas fort aisé de juger,
A quel prix, aujourd'hui, l'on peut les engager?
Pensez-vous faire croire, à voir comme tout roule,
Que votre seul mérite attire cette foule?
Qu'ils ne brûlent pour vous que d'un honnête amour,
Et que, pour vos vertus, ils vous font tous la cour?
On ne s'aveugle point par de vaines défaites,
Le monde n'est point dupe; & j'en vois qui sont faites
A pouvoir inspirer de tendres sentimens,
Qui, chez elles pourtant, ne fixent point d'amans;
Et, de-là, nous pouvons tirer des conséquences,
Qu'on n'acquiert point leurs cœurs sans de grandes avances;
Qu'aucun, pour nos beaux yeux, n'est notre soupirant,
Et qu'il faut acheter tous les soins qu'on nous rend.
Ne vous enflez donc point d'une si grande gloire,
Pour les petits brillans d'une foible victoire.
Et corrigez un peu l'orgueil de vos appas,
De traiter pour cela les gens de haut en bas.
Si nos yeux envioient les conquêtes des vôtres,
Je pense qu'on pourroit faire comme les autres,
Ne se point ménager; & vous faire bien voir,
Que l'on a des amans quand on en veut avoir.

CÉLIMENE.

Ayez-en donc, Madame, & voyons cette affaire,
Par ce rare secret, efforcez-vous de plaire;
Et sans....

ARSINOÉ.

Brisons, Madame un pareil entretien,
Il pousseroit trop loin votre esprit & le mien;
Et j'aurois pris déjà le congé qu'il faut prendre,
Si mon carosse encor ne m'obligeoit d'attendre.

CÉLIMENE.

Autant qu'il vous plaira, vous pouvez arrêter,
Madame, & , là-dessus, rien ne doit vous hâter.

Mais

COMEDIE. 49

Mais sans vous fatiguer de ma cérémonie,
Je m'en vais vous donner meilleure compagnie;
Et Monsieur, qu'à propos le hasard fait venir,
Remplira mieux ma place à vous entretenir.

SCENE VI.
ALCESTE, CELIMENE, ARSINOÉ.
CELIMENE.

Alceste, il faut que j'aille écrire un mot de lettre
Que, sans me faire tort, je ne sçaurois remettre.
Soyez avec Madame; elle aura la bonté
D'excuser aisément mon incivilité.

SCENE VII.
ALCESTE, ARSINOÉ.
ARSINOÉ.

Vous voyez, elle veut que je vous entretienne,
Attendant un moment que mon carrosse vienne;
Et jamais tous ses soins ne pouvoient m'offrir rien,
Qui me fût plus charmant qu'un pareil entretien.
En vérité, les gens d'un mérite sublime
Entraînent de chacun & l'amour & l'estime;
Et le vôtre, sans doute, a des charmes secrets
Qui font entrer mon cœur dans tous vos intérêts.
Je voudrois que la Cour par un regard propice,
A ce que vous valez rendît plus de justice,
Vous avez à vous plaindre; & je suis en courroux,
Quand je vois, chaque jour, qu'on ne fait rien pour vous.

Tome IV.　　　　　　　　　　　C

ALCESTE.

Moi, Madame ! Et fur quoi pourrois-je en rien prétendre ?
Quel fervice à l'Etat eft-ce qu'on m'a vu rendre ?
Qu'ai-je fait, s'il vous plaît, de fi brillant de foi,
Pour me plaindre à la Cour qu'on ne fait rien pour moi ?

ARSINOÉ.

Tous ceux, fur qui la Cour jette des yeux propices,
N'ont pas toujours rendu de ces fameux fervices.
Il faut l'occafion ainfi que le pouvoir ;
Et le mérite enfin que vous nous faites voir,
Devroit...

ALCESTE.

Mon Dieu, laiffons mon mérite, de grace,
De quoi voulez-vous-là que la Cour s'embarraffe ?
Elle auroit fort à faire, & fes foins feroient grands
D'avoir à déterrer le mérite des gens.

ARSINOÉ.

Un mérite éclatant fe déterre lui-même,
Du vôtre, en bien des lieux, on fait un cas extrême ;
Et vous fçaurez de moi qu'en deux fort bons endroits,
Vous fûtes hier loué par des gens d'un grand poids.

ALCESTE.

Hé, Madame, l'on loue aujourd'hui tout le monde,
Et le fiecle par-là n'a rien qu'on ne confonde.
Tout eft d'un grand mérite également doué,
Ce n'eft plus un honneur que de fe voir loué ;
D'éloges on regorge à la tête on les jette,
Et mon valet de chambre eft mis dans la gazette.

ARSINOÉ.

Pour moi, je voudrois bien que, pour vous montrer mieux,
Une charge à la Cour vous pût frapper les yeux.
Pour peu que d'y fonger vous nous faffiez les mines,
On peut, pour vous fervir, remuer des machines ;
Et j'ai des gens en main que j'emploierai pour vous,
Qui vous feront à tout un chemin affez doux.

COMEDIE.

ALCESTE.

Et que voudriez-vous, Madame, que j'y fiſſe ;
L'humeur dont je me ſens veut que je m'en banniſſe ;
Le Ciel ne m'a point fait, en me donnant le jour,
Une ame compatible avec l'air de la Cour,
Je ne me trouve point les vertus néceſſaires
Pour y bien réuſſir, & faire mes affaires.
Etre franc & ſincere eſt mon plus grand talent,
Je ne ſais point jouer les hommes en parlant ;
Et qui n'a pas le don de cacher ce qu'il penſe,
Doit faire en ce pays fort peu de réſidence.
Hors de la Cour, ſans doute, on n'a pas cet appui,
Et ces titres d'honneur qu'elle donne aujourd'hui ;
Mais on n'a pas auſſi, perdant ces avantages,
Le chagrin de jouer de fort ſots perſonnages.
On n'a point à ſouffrir mille rebuts cruels,
On n'a point à louer les vers de Meſſieurs tels,
A donner de l'encens à Madame une telle,
Et de nos francs Marquis eſſuyer la cervelle.

ARSINOÉ.

Laiſſons, puiſqu'il vous plaît, ce chapitre de Cour.
Mais il faut que mon cœur vous plaigne en votre amour.
Et, pour vous découvrir là-deſſus mes penſées
Je ſouhaiterois fort vos ardeurs mieux placées.
Vous méritez, ſans doute, un ſort beaucoup plus doux,
Et celle qui vous charme eſt indigne de vous.

ALCESTE.

Mais, en diſant cela, ſongez-vous, je vous prie,
Que cette perſonne eſt, Madame, votre amie ?

ARSINOÉ.

Oui. Mais ma conſcience eſt bleſſée en effet,
De ſouffrir plus long-tems le tort que l'on vous fait.
L'état où je vous vois afflige trop mon ame,
Et je vous donne avis qu'on trahit votre flamme.

ALCESTE.

C'eſt me montrer, Madame, un tendre mouvement,

Et de pareils avis obligent un amant.

ARSINOÉ.

Oui, toute mon amie, elle eſt, & je la nomme
Indigne d'aſſervir le cœur d'un galant homme;
Et le ſien n'a pour vous que de feintes douceurs.

ALCESTE.

Cela ſe peut, Madame, on ne voit pas les cœurs;
Mais votre charité ſe ſeroit bien paſſée
De jetter dans le mien une telle penſée.

ARSINOÉ.

Si vous ne voulez pas être déſabuſé,
Il faut ne vous rien dire, il eſt aſſez aiſé.

ALCESTE.

Non. Mais ſur ce ſujet, quoique l'on nous expoſe,
Les doutes ſont fâcheux plus que toute autre choſe;
Et je voudrois, pour moi, qu'on ne me fît ſçavoir
Que ce qu'avec clarté l'on peut me faire voir.

ARSINOÉ.

Hé bien, c'eſt aſſez dit; &, ſur cette matiere,
Vous allez recevoir une pleine lumiere.
Oui, je veux que de tout vos yeux vous faſſent foi.
Donnez-moi ſeulement la main juſques chez moi ;
Là, je vous ferai voir une preuve fidele
De l'infidélité du cœur de votre belle ;
Et, ſi pour d'autres yeux le vôtre peut brûler,
On pourra vous offrir de quoi vous conſoler.

Fin du troiſieme Acte.

ACTE IV.

SCENE PREMIERE.
ÉLIANTE, PHILINTE.

PHILINTE.

Non, l'on n'a point vu d'ame à manier si dure,
Ni d'accommodement plus pénible à conclure;
En vain de tous côtés, on l'a voulu tourner,
Hors de son sentiment on n'a pu l'entraîner;
Et jamais différend si bizarre, je pense,
N'avoit de ces Messieurs occupé la prudence.
*Non, Messieurs, disoit-il, je ne me dédis point,
Et tomberai d'accord de tout, hors de ce point.
De quoi s'offense-t-il ? Et que veut-il me dire ?
Y va-t-il de sa gloire à ne pas bien écrire ?
Que lui fait mon avis, qu'il a pris de travers ?
On peut être honnête-homme, & faire mal des vers,
Ce n'est point à l'honneur que touchent ces matieres,
Je le tiens galant homme en toutes les manieres,
Homme de qualité, de mérite & de cœur,
Tout ce qu'il vous plaira; mais fort méchant Auteur.
Je louerai, si l'on veut, son train & sa dépense,
Son adresse à cheval, aux armes, à la danse ;
Mais, pour louer ses vers, je suis son serviteur,
Et, lorsque d'en mieux faire on n'a pas le bonheur,
On ne doit de rimer avoir aucune envie,
Qu'on n'y soit condamné sur peine de la vie.*
Enfin toute la grace & l'accommodement
Où s'est avec effort plié son sentiment,
C'est de dire, croyant adoucir bien son style,
Monsieur, je suis fâché d'être si difficile :

Et, pour l'amour de vous, je voudrois, de bon cœur,
Avoir trouvé tantôt votre sonnet meilleur ;
Et, dans une ambassade, on leur a, pour conclure,
Fait vîte envelopper toute la procédure.
ELIANTE.
Dans ses façons d'agir il est fort singulier,
Mais j'en fais, je l'avoue, un cas particulier ;
Et la sincérité dont son ame se pique,
A quelque chose en soi de noble & d'héroïque.
C'est une vertu rare au siecle d'aujourd'hui,
Et je la voudrois voir par-tout, comme chez lui.
PHILINTE.
Pour moi, plus je le vois, plus sur-tout je m'étonne
De cette passion où son cœur s'abandonne.
De l'humeur dont le Ciel a voulu le former,
Je ne sçais pas comment il s'avise d'aimer,
Et je sçais moins encor comment votre Cousine
Peut être la personne où son penchant l'incline.
ELIANTE.
Cela fait assez voir que l'amour, dans les cœurs,
N'est pas toujours produit par un rapport d'humeurs ;
Et toutes ces raisons de douces sympathies,
Dans cet exemple-ci, se trouvent démenties.
PHILINTE.
Mais croyez-vous qu'on l'aime, aux choses qu'on peut voir ?
ELIANTE.
C'est un point qu'il n'est pas fort aisé de sçavoir.
Comment pouvoir juger s'il est vrai qu'elle l'aime ?
Son cœur, de ce qu'il sent, n'est pas bien sûr lui-même ;
Il aime quelquefois sans qu'il le sçache bien,
Et croit aimer aussi, par fois qu'il n'en est rien.
PHILINTE.
Je crois que notre ami, près de cette Cousine,
Trouvera des chagrins plus qu'il ne s'imagine ;
Et s'il avoit mon cœur, à dire vérité,

COMEDIE.

Il tourneroit ses vœux tout d'un autre côté ;
Et par un choix plus juste on le verroit, Madame,
Profiter des bontés que lui montre votre ame.

ELIANTE.

Pour moi, je n'en fais point de façons ; & je croi
Qu'on doit, sur de tels points, être de bonne foi.
Je ne m'oppose point à toute sa tendresse,
Au contraire, mon cœur, pour elle s'intéresse ;
Et, si c'étoit qu'à moi la chose pût tenir,
Moi-même, à ce qu'il aime, on me verroit l'unir.
Mais, si dans un tel choix, comme tout se peut faire,
Son amour éprouvoit quelque destin contraire,
S'il falloit que d'une autre on couronnât les feux,
Je pourrois me résoudre à recevoir ses vœux ;
Et le refus, souffert en pareille occurence,
Ne m'y feroit trouver aucune répugnance.

PHILINTE.

Et moi de mon côté, je ne m'oppose pas,
Madame, à ces bontés qu'ont pour lui vos appas,
Et lui-même, s'il veut, il peut bien vous instruire
De ce que là-dessus, j'ai pris soin de lui dire.
Mais si par un hymen, qui les joindroit eux deux,
Vous étiez hors d'état de recevoir ses vœux,
Tous les miens tenteroient la faveur éclatante
Qu'avec tant de bonté votre ame lui presente.
Heureux, si quand son cœur s'y pourra dérober,
Elle pouvoit sur moi, Madame, retomber.

ELIANTE.

Vous vous divertissez, Philinte.

PHILINTE.

Non, Madame ;
Et je vous parle ici du meilleur de mon ame.
J'attends l'occasion de m'offrir hautement,
Et, de tous mes souhaits, j'en presse le moment.

SCENE II.
ALCESTE, ELIANTE, PHILINTHE.

ALCESTE.

AH! Faites-moi raison, Madame, d'une offense
Qui vient de triompher de toute ma constance.
ELIANTE.
Qu'est-ce donc? Qu'avez-vous qui vous puisse
émouvoir?
ALCESTE.
J'ai ce que, sans mourir, je ne puis concevoir;
Et le déchaînement de toute la nature
Ne m'accableroit pas comme cette aventure.
C'en est fait.... Mon amour.... Je ne sçaurois parler.
ELIANTE.
Que votre esprit un peu, tâche à se rappeller.
ALCESTE.
O juste Ciel ! Faut-il qu'on joigne à tant de graces
Les vices odieux des ames les plus basses ?
ELIANTE.
Mais encor, qui vous peut.....
ALCESTE.
Ah ! Tout est ruiné,
Je suis, je suis trahi, je suis assassiné.
Célimene.... Eût-on pû croire cette nouvelle?
Célimene me trompe, & n'est qu'une infidelle.
ELIANTE.
Avez-vous, pour le croire, un juste fondement ?
PHILINTE.
Peut-être est-ce un soupçon conçu légerement;
Et votre esprit jaloux prend, par fois, des chimeres...
ALCESTE.
Ah, Morbleu, mêlez-vous, Monsieur, de vos
affaires.

COMEDIE.

(*à Eliante.*)
C'est de sa trahison n'être que trop certain,
Que l'avoir, dans ma poche, écrite de sa main.
Oui, Madame, une lettre écrite pour Oronte,
A produit à mes yeux ma disgrace & sa honte ;
Oronte, dont j'ai cru qu'elle fuyoit les soins,
Et que de mes rivaux je redoutois le moins.

PHILINTE.
Une lettre peut bien tromper par l'apparence ;
Et n'est pas, quelquefois, si coupable qu'on pense.

ALCESTE.
Monsieur, encore un coup, laissez-moi, s'il vous plaît,
Et ne prenez souci que de votre intérêt.

ELIANTE.
Vous devez modérer vos transports, & l'outrage...

ALCESTE.
Madame, c'est à vous qu'appartient cet ouvrage ;
C'est à vous que mon cœur a recours aujourd'hui
Pour pouvoir s'affranchir de son cuisant ennui.
Vengez-moi d'une ingrate & perfide parente,
Qui trahit lâchement une ardeur si constante,
Vengez-moi de ce trait qui doit vous faire horreur.

ELIANTE.
Moi, vous venger ! Comment ?

ALCESTE.
                En recevant mon cœur,
Acceptez-le, Madame, au lieu de l'infidelle,
C'est par-là que je puis prendre vengeance d'elle ;
Et je la veux punir par les sinceres vœux,
Par le profond amour, les soins respectueux,
Les devoirs empressés & l'assidu service,
Dont ce cœur va vous faire un ardent sacrifice.

ELIANTE.
Je compatis, sans doute, à ce que vous souffrez,
Et ne méprise point le cœur que vous m'offrez,
Mais, peut-être, le mal n'est pas si grand qu'on pense,
Et vous pouvez quitter ce desir de vengeance.

C 5

Lorsque l'injure part d'un objet plein d'appas,
On fait force desseins qu'on n'exécute pas ;
On a beau voir, pour rompre, une raison puissante,
Une coupable aimée est bientôt innocente ;
Tout le mal qu'on lui veut se dissipe aisément,
Et l'on sçait ce que c'est qu'un courroux d'un amant.

ALCESTE.

Non, non, Madame, non. L'offense est trop mortelle,
Il n'est point de retour & je romps avec elle ;
Rien ne sçauroit changer le dessein que j'en fais,
Et je me punirois de l'estimer jamais.
La voici. Mon courroux redouble à cette approche.
Je vais de sa noirceur lui faire un vif reproche,
Pleinement la confondre ; & vous porter après
Un cœur tout dégagé de ses trompeurs attraits.

SCENE III.

CELIMENE, ALCESTE.

ALCESTE *à part*.

O Ciel ! de mes transports, puis-je être ici le maître ?

CELIMENE.

(*à part*.)   (*à Alceste*.)

Quais ! Quel est donc le trouble où je vous vois paroître ?
Et que me veulent dire, & ses soupirs poussés,
Et ses sombres regards que sur moi vous lancez ?

ALCESTE.

Que toutes les horreurs, dont une ame est capable,
A vos déloyautés n'ont rien de comparable ;
Que le sort, les démons, & le Ciel en courroux,
N'ont jamais rien produit de si méchant que vous.

CELIMENE.

Voilà, certainement, des douceurs que j'admire.

ALCESTE.

Ah! Ne plaisantez point, il n'est pas tems de rire.
Rougissez bien plutôt, vous en avez raison ;
Et j'ai de sûrs témoins de votre trahison,
Voilà ce que marquoient les troubles de mon ame,
Ce n'étoit pas en vain que s'allarmoit ma flamme ;
Par ces fréquens soupçons, qu'on trouvoit odieux,
Je cherchois le malheur qu'ont rencontré mes yeux ;
Et, malgré tous vos soins & votre adresse à feindre,
Mon astre me disoit ce que j'avois à craindre ;
Mais ne présumez pas que, sans être vengé,
Je souffre le dépit de me voir outragé.
Je sçais que, sur les vœux, on n'a point de puissance,
Que l'amour veut par-tout naître sans dépendance,
Que jamais, par la force, on n'entra dans un cœur,
Et que toute ame est libre à nommer son vainqueur.
Aussi ne trouverois-je aucun sujet de plainte,
Si, pour moi, votre bouche avoit parlé sans feinte ;
Et, rejettant mes vœux dès le premier abord,
Mon cœur n'auroit eu droit de s'en prendre qu'au sort.
Mais, d'un aveu trompeur, voir ma flamme applaudie,
C'est une trahison, c'est une perfidie,
Qui ne sçauroit trouver de trop grands châtimens ;
Et je puis tout permettre à mes ressentimens.
Oui, oui, redoutez tout après un tel outrage,
Je ne suis plus à moi, je suis tout à la rage.
Percé du coup mortel dont vous m'assassinez,
Mes sens par la raison ne sont plus gouvernés ;
Je céde aux mouvemens d'une juste colere,
Et je ne réponds pas de ce que je puis faire.

CELIMENE.

D'où vient donc, je vous prie, un tel emportement ?
Avez-vous, dites-moi, perdu le jugement ?

ALCESTE.

Oui, oui, je l'ai perdu, lorsque dans votre vue
J'ai pris, pour mon malheur, le poison qui me tue ;

LE MISANTHROPE,

Et que j'ai cru trouver quelque sincérité
Dans les traîtres appas dont je fus enchanté.

CÉLIMENE.

De quelle trahison pouvez-vous donc vous plaindre ?

ALCESTE.

Ah ! Que ce cœur est double, & sçait bien l'art de feindre !
Mais pour le mettre à bout, j'ai des moyens tous prêts ;
Jettez ici les yeux, & connoissez vos traits ;
Ce billet découvert suffit pour vous confondre,
Et, contre ce témoin, on n'a rien à répondre.

CÉLIMENE.

Voilà donc le sujet qui vous trouble l'esprit ?

ALCESTE.

Vous ne rougissez pas en voyant cet écrit ?

CÉLIMENE.

Et par quelle raison faut-il que j'en rougisse ?

ALCESTE.

Quoi, vous joignez ici l'audace à l'artifice !
Le désavouerez-vous, pour n'avoir point de seing ?

CÉLIMENE.

Pourquoi désavouer un billet de ma main ?

ALCESTE.

Et vous pouvez le voir, sans demeurer confuse
Du crime dont, vers moi, son style vous accuse ?

CÉLIMENE.

Vous êtes, sans mentir, un grand extravagant.

ALCESTE.

Quoi, vous bravez ainsi ce témoin convainquant ?
Et ce qu'il m'a fait voir des douceurs pour Oronte,
N'a donc rien qui m'outrage, & qui vous fasse honte ?

CÉLIMENE.

Oronte, qui vous dit que la lettre est pour lui ?

ALCESTE.

Les gens qui, dans mes mains, l'ont remise aujourd'hui.
Mais je veux consentir qu'elle soit pour un autre,
Mon cœur en a-t-il moins à se plaindre du vôtre ?

En ferez-vous, vers moi, moins coupable en effet ?
CELIMENE.
Mais si c'est une femme à qui va ce billet,
En quoi vous blesse-t-il, & qu'a-t-il de coupable ?
ALCESTE.
Ah, le détour est bon, & l'excuse admirable !
Je ne m'attendois pas, je l'avoue à ce trait ;
Et me voilà, par-là, convaincu tout-à-fait.
Osez-vous recourir à ces rufes grossieres ?
Et croyez-vous les gens si privez de lumieres ?
Voyons, voyons un peu, par quel biais, de quel air,
Vous voulez soutenir un mensonge si clair ;
Et comment vous pourrez tourner pour une femme,
Tous les mots d'un billet qui montre tant de flamme ?
Ajustez pour couvrir un manquement de foi,
Ce que je m'en vais lire....
CELIMENE.
Il ne me plaît pas, moi,
Je vous trouve plaisant d'user d'un tel empire,
Et de me dire au nez ce que vous m'osez dire.
ALCESTE.
Non, non, sans s'emporter, prenez un peu souci
De me justifier les termes que voici.
CELIMENE.
Non, je n'en veux rien faire ; &, dans cette occurence,
Tout ce que vous croirez m'est de peu d'importance.
ALCESTE.
De grace, montrez-moi, je serai satisfait,
Qu'on peut, pour une femme expliquer ce billet.
CELIMENE.
Non, il est pour Oronte ; & je veux qu'on le croie.
Je reçois tous ses soins avec beaucoup de joie,
J'admire ce qu'il dit, j'estime ce qu'il est,
Et je tombe d'accord de tout ce qu'il vous plaît,
Faites, prenez parti, que rien ne vous arrête,
Et ne me rompez pas davantage la tête.

LE MISANTHROPE,

ALCESTE à part.

Ciel! Rien de plus cruel peut-il être inventé?
Et jamais cœur fut-il de la sorte traité?
Quoi, d'un juste courroux je suis ému contr'elle,
C'est moi qui viens me plaindre, & c'est moi qu'on querelle!
On pousse ma douleur, & mes soupçons à bout,
On me laisse tout croire, on fait gloire de tout;
Et cependant mon cœur est encore assez lâche,
Pour ne pouvoir briser la chaîne qui l'attache,
Et pour ne pas s'armer d'un généreux mépris
Contre l'ingrat objet dont il est trop épris?

(à Célimene.)

Ah! que vous sçavez bien ici contre moi-même,
Perfide, vous servir de ma foiblesse extrême,
Et ménager pour vous l'excès prodigieux
De ce fatal amour, né de vos traîtres yeux!
Défendez-vous au moins d'un crime qui m'accable,
Et cessez d'affecter d'être envers moi coupable.
Rendez-moi, s'il se peut, ce billet innocent;
A vous prêter les mains ma tendresse consent,
Efforcez-vous ici de paroître fidelle,
Et je m'efforcerai, moi, de vous croire telle.

CELIMENE.

Allez, vous êtes fou dans vos transports jaloux,
Et ne méritez pas l'amour qu'on a pour vous.
Je voudrois bien sçavoir qui pourroit me contraindre
A descendre pour vous aux bassesses de feindre,
Et pourquoi, si mon cœur penchoit d'autre côté,
Je ne le dirois pas avec sincérité.
Quoi! de mes sentimens l'obligeante assurance,
Contre tous vos soupçons ne prend pas ma défense?
Auprès d'un tel garant sont-ils de quelque poids?
N'est-ce pas m'outrager que d'écouter leurs voix?
Et, puisque notre cœur fait un effort extrême,
Lorsqu'il peut se résoudre à confesser qu'il aime,
Puisque l'honneur du sexe, ennemi de nos feux,
S'oppose fortement à de pareils aveux.

COMEDIE.

L'amant qui voit pour lui franchir un tel obstacle,
Doit-il impunément douter de cet oracle?
Et n'est-il pas coupable, en ne s'assurant pas
A ce qu'on ne dit point qu'après de grands combats;
Allez, de tels soupçons méritent ma colere,
Et vous ne valez pas que l'on vous considére.
Je suis sotte, & veux mal à ma simplicité,
De conserver encor pour vous quelque bonté;
Je devrois autre part attacher mon estime,
Et vous faire un sujet de plainte légitime.

ALCESTE.

Ah, traîtresse, mon foible est étrange pour vous!
Vous me trompez, sans doute, avec des mots si doux;
Mais il n'importe, il faut suivre ma destinée,
A votre foi mon ame est toute abandonnée,
Je veux voir jusqu'au bout quel sera votre cœur,
Et si de me trahir il aura la noirceur.

CELIMENE.

Non, vous ne m'aimez point comme il faut que l'on aime.

ALCESTE.

Ah, rien n'est comparable à mon amour extrême;
Et, dans l'ardeur qu'il a de se montrer à tous,
Il va jusqu'à former des souhaits contre vous.
Oui, je voudrois qu'aucun ne vous trouvât aimable,
Que vous fussiez réduite en un sort misérable;
Que le Ciel, en naissant ne vous eût donné rien,
Que vous n'eussiez ni rang, ni naissance, ni bien,
Afin que de mon cœur l'éclatant sacrifice
Vous pût d'un pareil sort réparer l'injustice;
Et que j'eusse la joie & la gloire en ce jour
De vous voir tenir tout des mains de mon amour.

CELIMENE.

C'est me vouloir du bien d'une étrange maniere.
Me préserve le Ciel que vous ayez matiere....
Voici Monsieur du Bois plaisamment figuré.

SCENE IV.
CÉLIMENE, ALCESTE, DU BOIS.

ALCESTE.

Que veut cet équipage & cet air effaré ?
Qu'as-tu ?

DU BOIS.

Monsieur....

ALCESTE.

Hé bien ?

DU BOIS.

Voici bien des mysteres.

ALCESTE.

Qu'est-ce ?

DU BOIS.

Nous sommes mal, Monsieur, dans nos affaires.

ALCESTE.

Quoi ?

DU BOIS.

Parlerai-je haut ?

ALCESTE.

Oui, parle, & promptement.

DU BOIS.

N'est-il point-là quelqu'un ?

ALCESTE.

Ah ! que d'amusement !
Veux-tu parler ?

DU BOIS.

Monsieur, il faut faire retraite.

ALCESTE.

Comment ?

DU BOIS.

Il faut d'ici déloger sans trompette.

COMEDIE.

ALCESTE.
Et pourquoi ?
DU BOIS.
Je vous dis qu'il faut quitter ce lieu.
ALCESTE.
La cause ?
DU BOIS.
Il faut partir, Monsieur, sans dire adieu.
ALCESTE.
Mais par quelle raison me tiens-tu ce langage ?
DU BOIS.
Par la raison, Monsieur, qu'il faut plier bagage.
ALCESTE.
Ah! je te casserai la tête assurément,
Si tu ne veux, maraud, t'expliquer autrement.
DU BOIS.
Monsieur, un homme noir & d'habit & de mine,
Est venu nous laisser jusques dans la cuisine,
Un papier grifonné d'une telle façon,
Qu'il faudroit, pour le lire, être pis qu'un démon.
C'est de votre procès, je n'en fais aucun doute ;
Mais le diable d'enfer, je crois, n'y verroit goutte.
ALCESTE.
Hé bien ! quoi ? ce papier, qu'a-t-il à démêler,
Traître, avec le départ dont tu viens me parler ?
DU BOIS.
C'est pour vous dire ici, Monsieur, qu'une heure ensuite,
Un homme, qui souvent vous vient rendre visite,
Est venu vous chercher avec empressement ;
Et, ne vous trouvant pas, m'a chargé doucement,
Sçachant que je vous sers avec beaucoup de zele,
De vous dire.... Attendez, comme est-ce qu'il s'appelle ?
ALCESTE.
Laisse-là son nom, traître, & dis ce qu'il t'a dit.
DU BOIS.
C'est un de vos amis, enfin, cela suffit.

Il m'a dit que d'ici votre péril vous chasse,
Et que d'être arrêté le sort vous y menace.

ALCESTE.

Mais quoi ! n'a-t-il voulu te rien spécifier ?

DU BOIS.

Non. Il m'a demandé de l'encre & du papier ;
Et vous a fait un mot, où vous pourrez, je pense,
Du fond de ce myſtere avoir la connoiſſance.

ALCESTE.

Donne-le donc.

CELIMENE.

    Que peut envelopper ceci ?

ALCESTE.

Je ne ſçais ; mais j'aſpire à m'en voir éclairci.
Auras-tu bientôt fait, impertinent au diable ?
 DU BOIS *après avoir long-tems cherché le billet.*
Ma foi, je l'ai, Monſieur, laiſſé ſur votre table.

ALCESTE.

Je ne ſçais qui me tient...

CELIMENE.

    Ne vous emportez pas,
Et courez démêler un pareil embarras.

ALCESTE.

Il ſemble que le ſort, quelque ſoin que je prenne,
Ait juré d'empêcher que je vous entretienne ;
Mais, pour en triompher, ſouffrez à mon amour
De vous revoir, Madame, avant la fin du jour.

Fin du quatrieme Acte.

ACTE V.

SCENE PREMIERE.
ALCESTE PHILINTE.
ALCESTE.

LA résolution en est prise, vous dis-je.
PHILINTE.
Mais quelque soit ce coup, faut-il qu'il vous oblige....
ALCESTE.
Non, vous avez beau faire, & beau me raisonner ;
Rien, de ce que je dis, ne me peut détourner,
Trop de perversité regne au siecle où nous sommes,
Et je veux me tirer du commerce des hommes.
Quoi ! contre ma patrie, on voit tout à la fois,
L'honneur, la probité, la pudeur & les loix,
On publie en tous lieux l'équité de ma cause,
Sur la foi de mon droit mon ame se repose ;
Cependant je me vois trompé par le succès,
J'ai pour moi la justice, & je perds mon procès !
Un traître, dont on sçait la scandaleuse histoire,
Est sorti triomphant d'une fausseté noire !
Toute la bonne-foi cede à sa trahison !
Il trouve, en m'égorgeant, moyen d'avoir raison !
Le poids de sa grimace, où brille l'artifice,
Renverse le bon droit & tourne la justice !
Il fait par un Arrêt couronner son forfait ;
Et, non content encor du tort que l'on me fait,
Il court, parmi le monde, un livre abominable,
Et de qui la lecture est même condamnable,
Un livre à mériter la derniere rigueur,
Dont le fourbe a le front de me faire l'Auteur !

Et là-dessus on voit Oronte qui murmure,
Et tâche méchamment d'appuyer l'imposture ?
Lui qui d'un honnête-homme à la cour tient le rang
A qui je n'ai rien fait qu'être sincere & franc,
Qui me vient, malgré moi, d'une ardeur empressée,
Sur des vers qu'il a faits, demander ma pensée ;
Et, parce que j'en use avec honnêté,
Et ne le veux trahir, lui, ni la vérité ;
Il aide à m'accabler d'un crime imaginaire !
Le voilà devenu mon plus grand adversaire !
Et jamais de son cœur je n'aurai de pardon,
Pour n'avoir pas trouvé que son sonnet fût bon !
Et les hommes, morbleu, sont faits de cette sorte !
C'est à ces actions que la gloire les porte !
Voilà la bonne-foi, le zele vertueux,
La justice & l'honneur que l'on trouve chez eux !
Allons, c'est trop souffrir les chagrins qu'on nous forge,
Tirons-nous de ce bois & de ce coupe-gorge.
Puisqu'entre humains ainsi vous vivez en vrais loups
Traîtres, vous ne m'aurez de ma vie avec vous.

PHILINTE.
Je trouve un peu bien prompt le dessein où vous êtes
Et tout le mal n'est pas si grand que vous le faites.
Ce que votre partie ose vous imputer,
N'a point eu le crédit de vous faire arrêter ;
On voit son faux rapport lui-même se détruire,
Et c'est une action qui pourroit bien lui nuire.

ALCESTE.
Lui ? de semblables tours il ne craint point l'éclat,
Il a permission d'être franc scélérat ;
Et loin qu'à son crédit nuise cette aventure,
On l'en verra demain en meilleure posture.

PHILINTE.
Enfin, il est constant qu'on n'a pas trop donné
Au bruit que, contre vous, sa malice a tourné ;
De ce côté déja vous n'avez rien à craindre ;
Et, pour votre Procès dont vous pouvez vous plain-
    dre,

Il vous est en justice aisé d'y revenir,
Et, contre cet arrêt.....
ALCESTE.
Non, je veux m'y tenir.
Quelque sensible tort qu'un tel arrêt me fasse,
Je me garderai bien de vouloir qu'on le casse,
On y voit trop à plein le bon droit maltraité,
Et je veux qu'il demeure à la postérité,
Comme une marque insigne, un fameux témoignage
De la méchanceté des hommes de notre âge.
Ce sont vingt mille francs qu'il m'en pourra coûter ?
Mais, pour vingt mille francs, j'aurai droit de pester.
Contre l'iniquité de la nature humaine,
Et de nourrir, pour elle, une immortelle haine.
PHILINTE.
Mais enfin.....
ALCESTE.
Mais enfin, vos soins sont superflus,
Que pouvez-vous, Monsieur, me dire là-dessus ?
Aurez-vous bien le front de me vouloir, en face,
Excuser les horreurs de tout ce qui se passe ?
PHILINTE.
Non, je tombe d'acord de tout ce qu'il vous plaît,
Tout marche par cabale, & par pur intérêt ;
Ce n'est plus que la ruse aujourd'hui qui l'emporte,
Et les hommes devroient être faits d'autre sorte.
Mais est-ce une raison que leur peu d'équité
Pour vouloir se tirer de leur société ?
Tous ces défauts humains nous donnent, dans la vie,
Des moyens d'exercer notre Philosophie.
C'est le plus bel emploi que trouve la vertu ;
Et, si de probité, tout étoit revêtu,
Si tous les cœurs étoient francs, justes & dociles,
La plupart des vertus nous seroient inutiles,
Puisqu'on en met l'usage à pouvoir sans ennui,
Supporter dans nos droits l'injustice d'autrui,
Et, de même, qu'un cœur d'une vertu profonde....

LE MISANTHROPE,

ALCESTE.

Je sçais que vous parlez, Monsieur, le mieux du monde.
En beaux raisonnemens vous abondez toujours ;
Mais vous perdez le tems, & tous vos beaux discours.
La raison, pour mon bien, veut que je me retire.
Je n'ai point sur ma langue un assez grand empire,
De ce que je dirois, je ne répondrois pas,
Et je me jetterois cent choses sur les bras.
Laissez-moi, sans dispute, attendre Célimène,
Il faut qu'elle consente au dessein qui m'amene ;
Je vais voir si son cœur a de l'amour pour moi,
Et c'est ce moment-ci qui doit m'en faire foi.

PHILINTE.

Montons chez Eliante, attendant sa venue.

ALCESTE.

Non. De trop de souci je me sens l'ame émue.
Allez-vous-en la voir, & me laissez enfin,
Dans ce petit coin sombre, avec mon noir chagrin.

PHILINTE.

C'est une compagnie étrange pour attendre,
Et je vais obliger Eliante à descendre.

SCENE II.

CELIMENE, ORONTE, ALCESTE.

ORONTE.

Oui ; c'est à vous de voir si, par des nœuds si doux,
Madame, vous voulez m'attacher tout à vous.
Il me faut de votre ame une pleine assurance,
Un amant là-dessus n'aime point qu'on balance.
Si l'ardeur de mes feux a pû vous émouvoir,
Vous ne devez point feindre à me le faire voir ;
Et la preuve, après tout, que je vous en demande,

COMEDIE.

C'est de ne plus souffrir qu'Alceste vous prétende,
De le sacrifier, Madame, à mon amour,
Et de chez vous, enfin, le banir dès ce jour.
CELIMENE.
Mais quel sujet si grand contre lui vous irrite,
Vous à qui j'ai tant vu parler de son mérite ?
ORONTE.
Madame, il ne faut point ces éclaircissemens ;
Il s'agit de sçavoir quels sont vos sentimens.
Choisissez, s'il vous plaît, de garder l'un où l'autre,
Ma résolution n'attend rien que la vôtre.
ALCESTE *sortant du coin où il étoit.*
Oui, Monsieur a raison, Madame. Il faut choisir ;
Et sa demande ici s'acorde à mon desir.
Pareille ardeur me presse, & même soin m'amene,
Mon amour veut du vôtre une marque certaine,
Les choses ne sont plus pour traîner en longueur,
Et voici le moment d'expliquer votre cœur.
ORONTE.
Je ne veux point, Monsieur, d'une flamme importune,
Troubler aucunement votre bonne fortune.
ALCESTE.
Je ne veux point, Monsieur, jaloux, ou non jaloux,
Partager de son cœur, rien du tout avec vous.
ORONTE.
Si votre amour au mien lui semble préférable....
ALCESTE.
Si, du moindre penchant, elle est pour vous capable....
ORONTE.
Je jure de n'y rien prétendre désormais.
ALCESTE.
Je jure hautement de ne la voir jamais.
ORONTE.
Madame, c'est à vous de parler sans contrainte.
ALCESTE.
Madame, vous pouvez vous expliquer sans crainte.

ORONTE.
Vous n'avez qu'à nous dire où s'attachent vos vœux.
ALCESTE.
Vous n'avez qu'à trancher & choisir de nous deux.
ORONTE.
Quoi ! Sur un pareil choix vous semblez être en peine ?
ALCESTE.
Quoi ! votre ame balance & paroît incertaine ?
CELIMENE.
Mon Dieu ! que cette instance est-là hors de saison,
Et que vous témoignez tous deux peu de raison !
Je sçais prendre parti sur cette préférence,
Et ce n'est pas mon cœur maintenant qui balance ;
Il n'est point suspendu, sans doute entre vous deux,
Et rien n'est si-tôt fait que le choix de nos vœux.
Mais je souffre, à vrai dire, une gêne trop forte
A prononcer en face un aveu de la sorte.
Je trouve que ces mots, qui sont désobligeans,
Ne se doivent point dire en présence des gens ;
Qu'un cœur, de son penchant donne assez de lumiere,
Sans qu'on nous fasse aller jusqu'à rompre en visiere ;
Et qu'il suffit, enfin, que de plus doux témoins
Instruisent un amant du malheur de ses soins.
ORONTE.
Non, non, un franc aveu n'a rien que j'appréhende,
J'y consens pour ma part.
ALCESTE.
Et moi je le demande ;
C'est son éclat sur-tout qu'ici j'ose exiger,
Et je ne prétends point vous voir rien ménager.
Conserver tout le monde est votre grande étude ;
Mais plus d'amusement, & plus d'incertitude.
Il faut vous expliquer nettement là-dessus,
Ou bien, pour un arrêt, je prends votre refus,
Je sçaura de ma part expliquer ce silence,
Et me tiendrai pour dit tout le mal que j'en pense.
ORONTE.

ORONTE.
Je vous sçais fort bon gré, Monsieur, de ce courroux.
Et je lui dis ici même chose que vous.
CÉLIMENE.
Que vous me fatiguez avec un tel caprice !
Ce que vous demandez a-t-il de la justice ?
Et ne vous dis-je pas quel motif me retient ?
J'en vais prendre pour juge Éliante qui vient.

SCENE III.
ÉLIANTE, PHILINTE, CÉLIMENE, ORONTE, ALCESTE.
CÉLIMENE.

JE me vois, ma Cousine, ici persécutée
Par des gens dont l'humeur y paroît concertée.
Ils veulent, l'un & l'autre, avec même chaleur,
Que je prononce entr'eux le choix que fait mon cœur ;
Et que, par un arrêt qu'en face il me faut rendre,
Je défende à l'un d'eux tous les soins qu'il peut prendre.
Dites-moi si jamais cela se fait ainsi ?
ELIANTE.
N'allez point là-dessus me consulter ici.
Peût-être y pourriez-vous être mal adressée ;
Et je suis pour les gens qui disent leur pensée.
ORONTE.
Madame, c'est en vain que vous vous défendez.
ALCESTE.
Tous vos détours ici seront mal secondés.
ORONTE.
Il faut, il faut parler, & lâcher la balance.
ALCESTE.
Il ne faut que poursuivre à garder le silence.
ORONTE.
Je ne veux qu'un seul mot, pour finir nos débats.
ALCESTE.
Et moi, je vous entends, si vous ne parlez pas.

SCENE IV.

ARSINOÉ, CÉLIMENE, ELIANTE, ALCESTE, PHILINTE, ACASTE, CLITANDRE, ORONTE.

ACASTE à *Célimene.*

Madame, nous venons tous deux, sans vous déplaire,
Éclaircir avec vous une petite affaire.

CLITANDRE *à Oronte & à Alceste.*

Fort à propos, Messieurs, vous vous trouvez ici;
Et vous êtes mêlés dans cette affaire aussi.

ARSINOÉ *à Célimene.*

Madame, vous serez surprise de ma vue;
Mais ce sont ces Messieurs qui causent ma venue.
Tous deux ils m'ont trouvée, & se sont plaints à moi
D'un trait à qui mon cœur ne sçauroit prêter foi.
J'ai du fond de votre âme une trop haute estime,
Pour vous croire jamais capable d'un tel crime ;
Mes yeux ont démenti leurs témoins les plus forts,
Et, l'amitié passant sur de petits discors,
J'ai bien voulu chez vous, leur faire compagnie,
Pour vous voir vous laver de cette calomnie.

ACASTE.

Oui, Madame, voyons, d'un esprit adouci,
Comment vous vous prendrez à soutenir ceci.
Cette lettre, par vous est écrite à Clitandre.

CLITANDRE.

Vous avez, pour Acaste, écrit ce billet tendre

ACASTE *à Oronte & à Alceste.*

Messieurs, ces traits pour vous n'ont point d'obscurité,
Et je ne doute pas que sa civilité,
A connoître sa main, n'ait trop sçu vous instruire ;
Mais ceci vaut assez la peine de le lire.

*V*Ous êtes un étrange homme, Clitandre, de condamner mon enjouement, & de me reprocher que je n'ai jamais tant de joie, que lorsque je ne suis pas avec vous. Il n'y a rien de plus injuste; &, si vous ne venez bien vîte me demander pardon de cette offense, je ne vous le pardonnerai de ma vie. Notre grand flandrin de Vicomte...

Il devroit être ici.

Notre grand flandrin de Vicomte, par qui vous commencez vos plaintes, est un homme qui ne sçauroit me revenir; &, depuis que je l'ai vu, trois quarts-d'heure durant, cracher dans un puits pour faire des ronds, je n'ai pu jamais prendre bonne opinion de lui. Pour le petit Marquis...

C'est moi-même, Messieurs, sans nulle vanité.

Pour le petit Marquis, qui me tint hier long-tems la main, je trouve qu'il n'y a rien de si mince que toute sa personne; & ce sont de ces mérites qui n'ont que la cape & l'épée. Pour l'homme aux rubans verts...

(à Alceste.)

A vous le dé, Monsieur.

Pour l'homme aux rubans verts, il me divertit quelquefois avec ses brusqueries, & son chagrin bourru, mais il est cent momens, où je le trouve le plus fâcheux du monde. Et pour l'homme au sonnet...

(à Oronte.)

Voici votre paquet.

Et pour l'homme au sonnet, qui s'est jetté dans le bel esprit, & veut être Auteur malgré tout le monde, je ne puis me donner la peine d'écouter ce qu'il dit; & sa prose me fatigue autant que ses vers. Mettez-vous donc en tête que je ne me divertis pas toujours si bien que vous pensez; que je vous trouve à dire, plus que je ne voudrois, dans toutes les parties où l'on m'entraîne, & que c'est un merveilleux assaisonnement aux plaisirs qu'on goûte que la presence des gens qu'on aime.

CLITANDRE.

Me voici maintenant moi,
Votre Clitandre, dont vous me parlez, & qui fait tant le doucereux, est le dernier des hommes pour qui j'aurois de l'amitié. Il est extravagant de se persuader qu'on l'aime, & vous l'êtes de croire qu'on ne vous aime pas. Changez, pour être raisonnable, vos sentimens contre les siens ; & voyez-moi le plus que vous pourrez, pour m'aider à porter le chagrin d'en être obsédée.
D'un fort beau caractere on voit là le modèle,
Madame, & vous sçavez comment cela s'appelle.
Il suffit. Nous allons, l'un & l'autre, en tous lieux,
Montrer de votre cœur le portrait glorieux.

ACASTE.

J'aurois de quoi vous dire, & belle est la matiere,
Mais je ne vous tiens pas digne de ma colere ;
Et je vous ferai voir que les petits Marquis
Ont, pour se consoler, des cœurs de plus haut prix.

SCENE V.

CÉLIMENE, ELIANTE, ARSINOÉ, ALCESTE, ORONTE, PHILINTE.

ORONTE.

Quoi ! De cette façon je vois qu'on me déchire,
Après tout ce qu'à moi je vous ai vu m'écrire ?
Et votre cœur, paré de beaux semblans d'amour,
A tout le genre-humain se promet tour à tour ?
Allez, j'étois trop dupe, & je vais ne plus l'être,
Vous me faites un bien, me faisant vous connoître,
J'y profite d'un cœur qu'ainsi vous me rendez,

COMEDIE.

Et trouve ma vengeance en ce que vous perdez.
(à Alceste.)
Monsieur, je ne fais plus d'obstacle à votre flamme,
Et vous pouvez conclure affaire avec Madame.

SCENE VI.

CELIMENE, ELIANTE, ARSINOÉ, ALCESTE, PHILINTE.

ARSINOÉ *à Célimene.*

CErtes, voilà le trait du monde le plus noir,
Je ne m'en sçaurois taire, & me sens émouvoir.
Voit-on des procédés qui soient pareils aux vôtres ?
Je ne prends point de part aux intérêts des autres.
(montrant Alceste.)
Mais, Monsieur, que chez vous fixoit votre bonheur,
Un homme, comme lui, de mérite & d'honneur,
Et qui vous chérissoit avec idolâtrie,
Devroit-il....

ALCESTE.

Laissez-moi, Madame, je vous prie,
Vuider mes intérêts moi-même là-dessus,
Et ne vous chargez point de ces soins superflus.
Mon cœur a beau vous voir prendre ici sa querelle,
Il n'est point en état de payer ce grand zèle ;
Et ce n'est pas à vous que je pourrai songer,
Si, par un autre choix, je cherche à me venger.

ARSINOE.

Hé! Croyez-vous, Monsieur, qu'on ait cette pensée,
Et que de vous avoir on soit tant empressée ?
Je vous trouve un esprit bien plein de vanité,
Si, de cette créance, il peut s'être flatté.
Le rebut de Madame est une marchandise,
Dont on auroit grand tort d'être si fort éprise.

D 3

Détrompez-vous, de grace, & portez-le moins haut.
Ce ne sont pas des gens comme moi qu'il vous faut.
Vous ferez bien encor de soupirer pour elle,
Et je brûle de voir une union si belle.

SCENE VII.
CÉLIMENE, ÉLIANTE, ALCESTE, PHILINTE.

ALCESTE à Célimene.

Hé bien, je me suis tû, malgré ce que je voi,
Et j'ai laissé parler tout le monde avant moi.
Ai-je pris sur moi-même un assez long empire ?
Et puis-je maintenant...

CÉLIMENE.

        Oui, vous pouvez tout dire ;
Vous en êtes en droit, lorsque vous vous plaindrez.
Et de me reprocher tout ce que vous voudrez.
J'ai tort, je le confesse ; & mon ame confuse
Ne cherche à vous payer d'aucune vaine excuse.
J'ai, des autres ici, méprisé le courroux ;
Mais je tombe d'accord de mon crime envers vous.
Votre ressentiment, sans doute, est raisonnable,
Je sçais combien je dois vous paroître coupable,
Que toute chose dit que j'ai pu vous trahir,
Et qu'enfin vous avez sujet de me haïr.
Faites-le, j'y consens.

ALCESTE.

        Hé, le puis-je, traîtresse ?
Puis-je ainsi triompher de toute ma tendresse ?
Et, quoiqu'avec ardeur je veuille vous haïr,
Trouvai-je un cœur en moi tout prêt à m'obéir ?
(à Eliante & à Philinte.)
Vous voyez ce que peut une indigne tendresse,
Et je vous fais tous deux témoins de ma foiblesse.
Mais, à vous dire vrai, ce n'est pas encor tout,

COMEDIE. 79

Et vous allez me voir la pousser jusqu'au bout,
Montrer que c'est à tort que sages on nous nomme ;
Et que dans tous les cœurs, il est toujours de
l'homme.
(à Célimene.)
Oui, je veux bien, perfide, oublier vos forfaits,
J'en sçaurai, dans mon ame excuser tous les traits,
Et me les couvrirai du nom d'une foiblesse,
Où le vice du tems porte votre jeunesse ;
Pourvu que votre cœur veuille donner les mains
Au dessein que j'ai fait de fuir tous les humains,
Et que, dans mon désert, où j'ai fait vœu de vivre,
Vous soyez, sans tarder, résolüe à me suivre.
C'est par-là seulement que, dans tous les esprits,
Vous pouvez réparer le mal de vos écrits ;
Et qu'après cet éclat qu'un noble cœur abhorre,
Il peut m'être permis de vous aimer encore.

CELIMENE.

Moi, renoncer au monde avant que de vieillir !
Et, dans votre désert, aller m'ensévelir !

ALCESTE.

Et, s'il faut qu'à mes feux votre flamme réponde,
Que doit vous importer tout le reste du monde ?
Vos desirs avec moi ne sont-ils pas contens ?

CELIMENE.

La solitude effraie une ame de vingt ans.
Je ne sens point la mienne assez grande, assez forte,
Pour me résoudre à prendre un dessein de la sorte.
Si le don de ma main peut contenter vos vœux,
Je pourrai me résoudre à serrer de tels nœuds ;
Et l'hymen....

ALCESTE.

Non. Mon cœur à present vous déteste,
Et ce refus lui seul fait plus que tout le reste.
Puisque vous n'êtes point, en des liens si doux,
Pour trouver tout en moi, comme moi tout en vous,
Allez, je vous refuse ; & ce sensible outrage,
de vos indignes fers pour jamais me dégage.

D 5

SCENE DERNIERE.
ELIANTE, ALCESTE, PHILINTE.
ALCESTE.

Madame, cent vertus ornent votre beauté,
Et je n'ai vu qu'en vous de la sincérité,
De vous, depuis long-tems, je fais un cas extrême,
Mais laissez-moi toujours vous estimer de même,
Et souffrez que mon cœur, dans ses troubles divers,
Ne se présente point à l'honneur de vos fers ;
Je m'en sens trop indigne, & commence à connoître
Que le Ciel, pour ce nœud, ne m'avoit point fait naître ;
Que ce seroit pour vous un hommage trop bas,
Que le rebut d'un cœur qui ne vous valoit pas ;
Et qu'enfin....

ELIANTE.

Vous pouvez suivre votre pensée,
Ma main, de se donner, n'est pas embarrassée ;
Et voilà votre ami sans trop m'inquiéter,
Qui, si je l'en priois, la pourroit accepter.

PHILINTE.

Ah ! Cet honneur, Madame, est toute mon envie,
Et j'y sacrifierois & mon sang & ma vie.

ALCESTE.

Puissiez-vous, pour goûter de vrais contentemens,
L'un pour l'autre, à jamais, garder ces sentimens.
Trahi de toutes parts, accablé d'injustices,
Je vais sortir d'un gouffre où triomphent les vices ;
En chercher, sur la terre, un endroit écarté,
Où, d'être homme d'honneur, on ait la liberté.

PHILINTE.

Allons Madame, allons employer toute chose,
Pour rompre le dessein que son cœur se propose.

FIN.

LE MÉDECIN

MALGRÉ LUI,

COMÉDIE.

ACTEURS.

GÉRONTE, Pere de Lucinde.
LUCINDE, Fille de Géronte.
LÉANDRE, Amant de Lucinde.
SGANARELLE, Mari de Martine.
MARTINE, Femme de Sganarelle.
M. ROBERT, Voisin de Sganarelle.
VALERE, Domestique de Géronte.
LUCAS, Mari de Jacqueline, Domestique de Géronte.
JACQUELINE, Nourrice chez Géronte, & Femme de Lucas.
THIBAUT, Pere de Perrin, } Paysans.
PERRIN, Fils de Thibaut.

La Scene est à la Campagne.

Tome II.

LE MEDECIN MALGRE LUY.

LE MÉDECIN
MALGRÉ LUI,
COMÉDIE.

ACTE PREMIER.

SCENE PREMIERE.
SGANARELLE, MARTINE.

SGANARELLE.

Non, je te dis que je n'en veux rien faire; & que c'est à moi de parler, & d'être le maître.

MARTINE.

Et je te dis, moi, que je veux que tu vives à ma fantaisie; & que je ne me suis point mariée avec toi pour souffrir tes fredaines.

SGANARELLE.

Oh! la grande fatigue que d'avoir une femme, & qu'Aristote a bien raison, quand il dit qu'une femme est pire qu'un démon!

D 6

MARTINE.

Voyez un peu l'habile homme, avec son benêt d'Aristote.

SGANARELLE.

Oui, habile homme. Trouve-moi un faiseur de fagots qui sçache, comme moi raisonner des choses; qui ait servi six ans un fameux Médecin, & qui ait sçu, dans son jeune âge, son rudiment par cœur.

MARTINE.

Peste du fou fieffé !

SGANARELLE.

Peste de la carogne !

MARTINE.

Que maudit soit l'heure & le jour, où je m'avisai d'aller dire oui !

SGANARELLE.

Que maudit soit le bec cornu de Notaire qui me fit signer ma ruine !

MARTINE.

C'est bien à toi, vraiment, à te plaindre de cette affaire. Devrois-tu être un seul moment sans rendre graces au Ciel de m'avoir pour ta femme, & méritois-tu d'épouser une personne comme moi ?

SGANARELLE.

Il est vrai que tu me fis trop d'honneur, & que j'eus lieu de me louer la premiere nuit de nos noces. Hé, morbleu, ne me fais point parler là-dessus. Je dirois de certaines choses....

MARTINE.

Quoi ? Que dirois-tu ?

SGANARELLE.

Baste, laissons-là ce chapitre. Il suffit que nous sçavons ce que nous sçavons, & que tu fus bien heureuse de me trouver.

MARTINE.

Qu'appelles-tu bien bienheureuse de trouver ? Un homme qui me réduit à l'hôpital, un débauché, un traître qui mange tout ce que j'ai.

COMEDIE.

SGANARELLE.
Tu as menti, j'en bois une partie.

MARTINE.
Qui me vend, piece à piece, tout ce qui est dans le logis !

SGANARELLE.
C'est vivre de ménage.

MARTINE.
Qui m'a ôté jusqu'au lit que j'avois !

SGANARELLE.
Tu t'en leveras plus matin.

MARTINE.
Enfin, qui ne laisse aucun meuble dans toute la maison !

SGANARELLE.
On en déménage plus aisément.

MARTINE.
Et qui, du matin jusqu'au soir, ne fait que jouer & que boire !

SGANARELLE.
C'est pour ne me point ennuyer.

MARTINE.
Et que veux-tu, pendant ce tems, que je fasse avec ma famille ?

SGANARELLE.
Tout ce qu'il te plaira.

MARTINE.
J'ai quatre pauvres petits enfans sur les bras.

SGANARELLE.
Mets-les à terre.

MARTINE.
Qui me demandent à toute heure du pain.

SGANARELLE.
Donne-leur le fouet. Quand j'ai bien bu & bien mangé, je veux que tout le monde soit saoul dans ma maison.

MARTINE.
Et tu prétends, ivrogne, que les choses aillent toujours de même ?

SGANARELLE.
Ma femme, allons tout doucement, s'il vous plaît.
MARTINE.
Que j'endure éternellement tes insolences & tes débauches ?
SGANARELLE.
Ne nous emportons point, ma femme.
MARTINE.
Et que je ne sçache pas trouver le moyen de te ranger à ton devoir ?
SGANARELLE.
Ma femme, vous sçavez que je n'ai pas l'ame endurante, & que j'ai le bras assez bon.
MARTINE.
Je me moque de tes menaces.
SGANARELLE.
Ma petite femme, ma mie, votre peau vous demange à votre ordinaire.
MARTINE.
Je te montrerai bien que je ne te crains nullement.
SGANARELLE.
Ma chere moitié, vous avez envie de me dérober quelque chose.
MARTINE.
Crois-tu que je m'épouvente de tes paroles ?
SGANARELLE.
Doux objet de mes vœux, je vous frotterai les oreilles.
MARTINE.
Ivrogne que tu es !
SGANARELLE.
Je vous battrai.
MARTINE.
Sac à vin.
SGANARELLE.
Je vous rosserai.
MARTINE.
Infame.

COMÉDIE.

SGANARELLE.
Je vous étrillerai.

MARTINE.
Traître, insolent, trompeur, lâche, coquin, pendard, gueux, belître, fripon maraud, voleur....

SGANARELLE.
Ah ! Vous en voulez donc ?

(Sganarelle prend un bâton, & bat sa femme

MARTINE *criant.*
Ah, ah, ah, ah !

SGANARELLE.
Voilà le vrai moyen de vous appaiser.

SCENE II.

M. ROBERT, SGANARELLE, MARTINE.

M. ROBERT.

Holà, holà, holà. Fi. Qu'est-ce-ci ? Quelle infamie ! Peste soit le coquin de battre ainsi sa femme.

MARTINE *à M. Robert.*
Et je veux qu'il me batte moi.

M. ROBERT.
Ah ! J'y consens de tout mon cœur.

MARTINE.
De quoi vous mêlez-vous ?

M. ROBERT.
J'ai tort.

MARTINE.
Est-ce là votre affaire ?

M. ROBERT.
Vous avez raison.

MARTINE.
Voyez un peu cet impertinent, qui veut empêcher les maris de battre leur femmes !

M. ROBERT.
Je me rétracte.
MARTINE.
Qu'avez-vous à voir là-dessus ?
M. ROBERT.
Rien.
MARTINE.
Est-ce à vous d'y mettre le nez ?
M. ROBERT.
Non.
MARTINE.
Mêlez-vous de vos affaire.
M. ROBERT.
Je ne dis plus mot.
MARTINE.
Il me plaît d'être battue.
M. ROBERT.
D'accord.
MARTINE.
Ce n'est pas à vos dépens.
M. ROBERT.
Il est vrai.
MARTINE.
Et vous êtes un sot de venir vous fourrer où vous n'avez que faire.

(Elle lui donne un soufflet.)

M. ROBERT *à Sganarelle.*
Compere, je vous demande pardon de tout mon cœur. Faites, rossez, battez, comme il faut, votre femme ; je vous aiderai, si vous le voulez.
SGANARELLE.
Il ne me plaît pas, moi.
M. ROBERT.
Ah ! C'est une autre chose.
SGANARELLE.
Je la veux battre, si je le veux, & ne la pas battre, si je ne le veux pas.

M. ROBERT.

Fort bien.

SGANARELLE.

C'est ma femme, & non pas la vôtre.

M. ROBERT.

Sans doute.

SGANARELLE.

Vous n'avez rien à me commander.

M. ROBERT.

D'accord.

SGANARELLE.

Je n'ai que faire de votre aide.

M. ROBERT.

Très-volontiers.

SGANARELLE.

Et vous êtes un impertinent, de vous ingérer des affaire d'autrui. Apprenez que Cicéron dit qu'entre l'arbre & le doigt, il ne faut point mettre l'écorce.

(*Il bat M. Robert, & le chasse.*)

SCENE III.

SGANARELLE, MARTINE.

SGANARELLE.

OH, çà, faisons la paix nous deux. Touche-là.

MARTINE.

Oui, après m'avoir ainsi battue ?

SGANARELLE.

Cela n'est rien. Touche.

MARTINE.

Je ne veux pas.

SGANARELLE.

Hé ?

LE MÉDECIN MALGRÉ LUI,

MARTINE.
Non.

SGANARELLE.
Ma petite femme.

MARTINE.
Point.

SGANARELLE.
Allons, te dis-je.

MARTINE.
Je n'en ferai rien.

SGANARELLE.
Viens, viens, viens.

MARTINE.
Non. Je veux être en colere.

SGANARELLE.
Fi, c'est une bagatelle. Allons, allons.

MARTINE.
Laisse-moi là.

(SGANARELLE.)
Touche, te dis-je.

MARTINE.
Tu m'as trop maltraitée.

SGANARELLE.
Hé bien, va, je te demande pardon, mets-là ta main.

MARTINE.
(bas à part.)
Je te pardonne; mais tu le payeras.

SGANARELLE.
Tu es une folle de prendre garde à cela. Ce sont petites choses qui sont de tems en tems nécessaires dans l'amitié, & cinq ou six coups de bâton, entre gens qui s'aiment, ne font que ragaillardir l'affection. Va, je m'en vais au bois, & je te promets aujourd'hui plus d'un cent de fagots.

COMÉDIE. 91.

SCENE IV.
MARTINE seule.

VA, quelque mine que je fasse, je n'oublierai pas mon ressentiment; & je brûle en moi-même de trouver les moyens de te punir des coups que tu m'as donnés. Je sçais bien qu'une femme a toujours dans les mains de quoi se venger d'un mari, mais c'est une punition trop délicate pour mon pendard. Je veux une vengeance qui se fasse mieux sentir, & ce n'est pas contentement pour l'injure que j'ai reçue.

SCENE V.
VALERE, LUCAS, MARTINE.

LUCAS à Valere, sans voir Martine.

Parguenne, j'avons pris-là tous deux une guéble de commission, & je ne sçais pas, moi, ce que je pensons attraper.

VALERE à Lucas, sans voir Martine.
Que veux-tu, mon pauvre nourricier ? Il faut bien obéir à notre maître, & puis, nous avons intérêt, l'un & l'autre, à la santé de sa fille, notre maîtresse ; & sans doute son mariage, différé par sa maladie, nous vaudra quelque récompense. Horace, qui est libéral, a bonne part aux prétentions qu'on peut avoir sur sa personne ; &, quoiqu'elle ait fait voir de l'amitié pour un certain Léandre, tu sçais bien que son pere n'a jamais voulu consentir à le recevoir pour son gendre.

LE MÉDECIN MALGRÉ LUI,

MARTINE *rêvant à part, se croyant seule.*
Ne puis-je point trouver quelque invention pour me venger ?

LUCAS *à Valere.*
Mais quelle fantaisie s'est-il bouté-là dans la tête, puisque tous les Médecins y avons perdu leur Latin ?

VALERE *à Lucas.*
On trouve quelquefois, à force de chercher, ce qu'on ne trouve pas d'abord ; &, souvent, en de simples lieux,....

MARTINE *se croyant toujours seule.*
Oui, il faut que je m'en venge à quelque prix que ce soit. Ces coups de bâton me reviennent au cœur ; je ne sçaurois les digérer, &.... (*heurtant Valere & Lucas.*) Ah ! Messieurs, je vous demande pardon ; je vous voyois pas, & cherchois dans ma tête quelque chose qui m'embarrasse.

VALERE.
Chacun a ses soins dans le monde ; & nous cherchons aussi ce que nous voudrions bien trouver.

MARTINE.
Seroit-ce quelque chose où je vous pusse aider ?

VALERE.
Cela se pourroit faire ; & nous tâchons de rencontrer quelque habile homme, quelque Médecin particulier, qui pût donner quelque soulagement à la fille de notre maître, attaquée d'une maladie qui lui a ôté tout d'un coup l'usage de la langue. Plusieurs Médecins ont déjà épuisé toute leur science après elle ; mais on trouve, par fois, des gens avec des secrets admirables, de certains remedes particuliers, qui font le plus souvent ce que les autres n'ont sçu faire, & c'est-là ce que nous cherchons.

MARTINE *bas à part.*
Ah ! que le Ciel m'inspire une admirable invention pour me venger de mon pendard ! (*haut.*) Vous ne pouviez jamais vous mieux adresser pour rencontrer ce que vous cherchez ; & nous avons un homme, le

plus merveilleux homme du monde, pour les maladies défespérées.
VALERE.
Hé, de grace, où pouvons-nous le rencontrer ?
MARTINE.
Vous le trouverez maintenant, vers ce petit lieu que voilà, qui s'amuse à couper du bois.
LUCAS.
Un Médecin qui coupe du bois ?
VALERE.
Qui s'amuse à cueillir des simples, voulez-vous dire ?
MARTINE.
Non. C'est un homme extraordinaire qui se plaît à cela, fantasque, bizarre, quinteux, & que vous ne prendriez jamais pour ce qu'il est. Il va vêtu d'une façon extravagante, affecte quelquefois de paroître ignorant, tient sa science renfermée, & ne fuit rien tant tous les jours, que d'exercer les merveilleux talens qu'il a eus du Ciel pour la médecine.
VALERE.
C'est une chose admirable que tous les grands hommes ont toujours du caprice, quelque petit grain de folie mêlée à leur science.
MARTINE.
La folie de celui-ci est plus grande qu'on ne peut croire; car elle va par fois jusqu'à vouloir être battu pour demeurer d'accord de sa capacité, & je vous donne avis que vous n'en viendrez pas à bout, qu'il n'avouera jamais qu'il est Médecin, s'il se le met en fantaisie, que vous ne preniez chacun un bâton, & ne le réduisiez, à force de coups, à vous confesser à la fin ce qu'il vous cachera d'abord. C'est ainsi que nous en usons quand nous avons besoin de lui.
VALERE.
Voilà une étrange folie.
MARTINE.
Il est vrai; mais après cela, vous verrez qu'il fait des merveilles.

VALERE.
Comment s'appelle-t-il?
MARTINE.
Il s'appelle Sganarelle; mais il est aisé à connoître. C'est un homme qui a une large barbe noire, & qui porte une fraise, avec un habit jaune & vert.
LUCAS.
Un habit jaune & vart! C'est donc le Médecin des parroquets.
VALERE.
Mais est-il bien vrai qu'il soit aussi habile que vous le dites?
MARTINE.
Comment? C'est un homme qui fait des miracles. Il y a six mois qu'une femme fut abandonnée de tous les autres Médecins, on la tenoit morte il y avoit déjà six heures, & l'on se disposoit à l'ensévelir, lorsqu'on y fit venir de force l'homme dont nous parlons. Il lui mit, l'ayant vue, une petite goutte de je ne sçais quoi dans la bouche; &, dans le même instant, elle se leva de son lit, & se mit aussi-tôt à se promener dans sa chambre, comme si de rien n'eût été.
LUCAS.
Ah!
VALERE.
Il falloit que ce fût quelque goutte d'or potable.
MARTINE.
Cela pourroit bien être! Il n'y a pas trois semaines encore, qu'un jeune enfant de douze ans tomba du haut du clocher en bas, & se brisa sur le pavé, la tête, les bras & les jambes. On n'y eut pas plutôt amené notre homme, qu'il le frotta par-tout le corps d'un certain onguent qu'il sçait faire, & l'enfant aussi-tôt se leva sur ses pieds, & courut jouer à la fossette.
LUCAS.
Ah!
VALERE.
Il faut que cet homme-là ait la médecine universelle!

COMEDIE.

MARTINE.

Qui en doute?

LUCAS.

Tétigué, vla justement l'homme qu'il nous faut. Allons vite le charcher.

VALERE.

Nous vous remercions du plaisir que vous nous faites.

MARTINE.

Mais souvenez-vous bien, au moins, de l'avertissement que je vous ai donné.

LUCAS.

Hé! Morguenne, laissez-nous faire. S'il ne tient qu'à battre, la vache est à nous.

VALERE à *Lucas*.

Nous sommes bien heureux d'avoir fait cette rencontre; & j'en conçois, pour moi, la meilleure espérance du monde.

SCENE VI.

SGANARELLE, VALERE, LUCAS.

SGANARELLE *chantant derriere le Théatre.*

La, la, la.

VALERE.

J'entends quelqu'un qui chante, & qui coupe du bois.

SGANARELLE *entrant sur le Théatre avec une bouteille à sa main, sans appercevoir Valere ni Lucas.*

La, la, la. Ma foi, c'est assez travaillé pour boire un coup. Prenons un peu d'haleine.

(après avoir bû)

Voilà du Bois qui est salé comme tous les diables.

(Il chante.) Qu'ils sont doux,
Bouteille jolie.
Qu'ils sont doux,

# 96 LE MÉDECIN MALGRÉ LUI,
> *Vos petits gloux-gloux !*
> *Mais mon sort seroit bien des jaloux,*
> *Si vous étiez toujours remplie.*
>   *Ah ! bouteille ma mie ,*
>   *Pourquoi vous vuidez-vous ?*

Allons, morbleu, il ne faut point engendrer de mélancolie.

VALERE *bas à Lucas.*

Le voilà lui-même.

LUCAS *bas à Valere.*

Je pense que vous dites vrai, & que j'avons bouté le nez dessus.

VALERE.

Voyons de près.

SGANARELLE *embrassant sa bouteille.*

Ah ! Ma petite friponne, que je t'aime ! Mon petit bouchon.

(Appercevant Valere & Lucas qui l'examinent, il baisse sa voix.)

(Il chante.)

Mais mon sort....... feroit...... bien des...... jaloux,
Si......

(Voyant qu'on l'examine de plus près.)

Que diable ! A qui en veulent ces gens-là ?

VALERE *à Lucas.*

C'est lui assurément.

LUCAS *à Valere.*

Le vlà tout craché comme on nous l'a défiguré.

Sganarelle pose la bouteille à terre ; & Valere se baissant pour le saluer, comme il croit que c'est à dessein de la prendre, il la met de l'autre côté ; Lucas faisant la même chose que Valere, Sganarelle reprend sa bouteille, & la tient contre son estomac, avec divers gestes, qui font un jeu de Théatre.

SGANARELLE *à part.*

Ils consultent en me regardant. Quel dessein auroient-ils ?

VALERE.

COMEDIE.

VALERE.

Monsieur, n'est-ce pas vous qui vous appellez Sganarelle ?

SGANARELLE.

Hé, quoi ?

VALERE.

Je vous demande si ce n'est pas vous qui se nomme Sganarelle ?

SGANARELLE *se tournant vers Valere, puis vers Lucas.*

Oui, & non, selon ce que vous lui voulez.

VALERE.

Nous ne voulons que lui faire toutes les civilités que nous pourrons.

SGANARELLE.

En ce cas, c'est moi qui se nomme Sganarelle.

VALERE.

Monsieur, nous sommes ravis de vous voir. On nous a adressés à vous pour ce que nous cherchons ; & nous venons implorer votre aide, dont nous avons besoin.

SGANARELLE.

Si c'est quelque chose, Messieurs, qui dépende de mon petit négoce, je suis tout prêt à vous rendre service.

VALERE.

Monsieur, c'est trop de grace que vous nous faites : Mais, Monsieur, couvrez-vous, s'il vous plaît, le soleil pourroit vous incommoder.

LUCAS.

Monsieu, boutez dessus.

SGANARELLE *à part.*

Voici des gens bien pleins de cérémonie.

(*Il se couvre.*)

VALERE.

Monsieur, il ne faut pas trouver étrange que nous venions à vous, les habiles gens sont toujours recherchés, & nous sommes instruits de votre capacité.

SGANARELLE.

Il est vrai, Messieurs, que je suis le premier homme du monde pour faire des fagots.

VALERE.

Ah ! Monsieur.....

SGANARELLE.

Je n'y épargne aucune chose, & les fais d'une façon qu'il n'y a rien à redire.

VALERE.

Monsieur, ce n'est pas cela dont il est question.

SGANARELLE.

Mais aussi je les vends cent dix sols le cent.

VALERE.

Ne parlons point de cela, s'il vous plaît.

SGANARELLE.

Je vous promets que je ne sçaurois les donner à moins.

VALERE.

Monsieur, nous sçavons les choses.

SGANARELLE.

Si vous sçavez les choses, vous sçavez que je les vends cela.

VALERE.

Monsieur, c'est se moquer que......

SGANARELLE.

Je ne me moque point, je n'en puis rien rabattre.

VALERE.

Parlons d'autre façon, de grace.

SGANARELLE.

Vous en pourrez trouver autre part à moins, il y a fagots & fagots ; mais, pour ceux que je fais...

VALERE.

Hé, Monsieur, laissons-là ce discours.

SGANARELLE.

Je vous jure que vous ne les auriez pas, s'il s'en falloit un double.

VALERE.

Hé, fi !

COMEDIE.

SGANARELLE.
Non, en conscience, vous en payerez cela. Je vous parle sincérement, & ne suis pas homme à surfaire.

VALERE.
Faut-il, Monsieur, qu'une personne comme vous s'amuse à ces grossieres feintes ? S'abaisse à parler de la sorte ? Qu'un homme si sçavant, un fameux Médecin, comme vous êtes, veuille se déguiser aux yeux du monde, & tenir enterrés les beaux talens qu'il a ?

SGANARELLE *à part*.
Il est fou.

VALERE.
De grace, Monsieur, ne dissimulez point avec nous.

SGANARELLE.
Comment ?

LUCAS.
Tout ce tripotage ne sart de rian ; je sçavons ç'en que je sçavons.

SGANARELLE.
Quoi donc ? Que voulez-vous dire ? Pour qui me prenez-vous ?

VALERE.
Pour ce que vous êtes, pour un grand Médecin.

SGANARELLE.
Médecin vous-même ; je ne le suis point, & ne l'ai jamais été.

VALERE.
(*bas.*)   (*haut.*)
Voilà sa folie qui le tient. Monsieur, ne veuillez point nier les choses davantage ; & n'en venons point, s'il vous plaît, à de fâcheuses extrêmités.

SGANARELLE.
A quoi donc ?

VALERE.
A de certaines choses dont nous serions marris.

SGANARELLE.
Parbleu, venez-en à tout ce qu'il vous plaira, je ne

suis point Médecin, & ne fçai ce que vous me voulez dire.

VALERE.

(*bas.*)   (*haut.*)

Je vois bien qu'il faut se servir du remede. Monsieur, encore un coup, je vous prie d'avouer ce que vous êtes.

LUCAS.

Hé, têtigué, ne lantiponez point davantage, & confessez à la franquette que v'sêtes Médecin.

SGANARELLE *à part.*

J'enrage.

VALERE.

A quoi bon nier ce qu'on sçait?

LUCAS.

Pourquoi toutes ces fraimes-là? A quoi est-ce que ça vous sart?

SGANARELLE.

Messieurs, en un mot, autant qu'en deux mille, je vous dis que je ne suis point Médecin.

VALERE.

Vous n'êtes point Médecin?

SGANARELLE.

Non.

LUCAS.

V'nêtes pas Médecin?

SGANARELLE.

Non, vous dis-je.

VALERE.

Puisque vous le voulez, il faut bien s'y résoudre.

(*Ils prennent chacun un bâton, & le frappent.*)

SGANARELLE.

Ah, ah, ah! Messieurs, je suis tout ce qu'il vous plaira.

VALERE.

Pourquoi, Monsieur, nous obligez-vous à cette violence?

COMEDIE.

LUCAS.
A quoi bon nous bailler la peine de vous battre ?
VALERE.
Je vous assure que j'en ai tous les regrets du monde.
LUCAS.
Par ma figué, j'en sis fâché franchement.
SGANARELLE.
Quel diable est ceci, Messieurs ? de grace, est-ce pour rire, ou si tous deux vous extravaguez, de vouloir que je sois Médecin ?
VALERE.
Quoi ! vous ne vous rendez pas encore, & vous vous défendez d'être Médecin ?
SGANARELLE.
Diable emporte, si je le suis.
LUCAS.
Il n'est pas vrai que vous sayez Médecin ?
SGANARELLE.
(Ils recommencent à le battre.)
Non, la peste m'étouffe. Ah, ah !. Hé bien, Messieurs, oui, puisque vous le voulez, je suis Médecin, je suis Médecin ; Apothicaire encore, si vous le trouvez bon. J'aime mieux consentir à tout, que de me faire assommer.
VALERE.
Ah ! Voilà qui va bien, Monsieur, je suis ravi de vous voir raisonnable.
LUCAS.
Vous me boutez la joie au cœur, quand je vous vois parler comme ça.
VALERE.
Je vous demande pardon de toute mon ame.
LUCAS.
Je vous demandons excuse de la libarté que j'avons prise.
SGANARELLE *à part.*
Ouais ! serois-ce bien moi qui me tromperois, & serois-je devenu Médecin sans m'en être apperçu ?

VALERE.

Monsieur, vous ne vous repentirez pas de nous montrer ce que vous êtes, & vous verrez, assurément, que vous en serez satisfait.

SGANARELLE.

Mais, Messieurs, dites-moi, ne vous trompez-vous point vous-mêmes ? Est-il bien assuré que je sois Médecin ?

LUCAS.

Oui, par ma figué.

SGANARELLE.

Tout de bon ?

VALERE.

Sans doute.

SGANARELLE.

Diable emporte, si je le sçavois.

VALERE.

Comment ! vous êtes le plus habile Médecin du monde.

SGANARELLE.

Ah ! ah !

LUCAS.

Un Médecin qui a gari je ne sçais combien de maladies.

SGANARELLE.

Tudieu !

VALERE.

Une femme étoit tenue pour morte il y avoit six heures ; elle étoit prête à ensévelir, lorsqu'avec une goutte de quelque chose, vous la fîtes revenir, & marcher d'abord par la chambre.

SGANARELLE.

Peste !

LUCAS.

Un petit enfant de douze ans se laissit cheoir du haut d'un clocher, de quoi il eut la tête, les jambes & les bras cassés ; & vous, avec je ne sçais quel onguent,

vous fistes qu'aussi-tôt il se relevit sur ses pieds, s'en fut jouer à la fossette.
SGANARELLE.
Diantre !
VALERE.
Enfin, Monsieur, vous aurez contentement avec nous ; & vous gagnerez ce que vous voudrez, en vous laissant conduire où nous prétendons vous mener.
SGANARELLE.
Je gagnerai ce que je voudrai ?
VALERE.
Oui.
SGANARELLE.
Ah ! Je suis Médecin sans contredit. Je l'avois oublié, mais je m'en ressouviens. De quoi est-il question ? Où faut-il se transporter.
VALERE.
Nous vous conduirons. Il est question d'aller voir une fille qui a perdu la parole.
SGANARELLE.
Ma foi, je ne l'ai pas trouvée.
VALERE bas à Lucas.
(à Sganarelle.)
Il aime à rire. Allons, Monsieur.
SGANARELLE.
Sans une robe de Médecin ?
VALERE.
Nous en prendrons une.
SGANARELLE *présentant sa bouteille à Valere.*
Tenez cela, vous. Voilà où je mets mes Julets,
(*puis se tournant vers Lucas en crachant.*)
Vous marchez là-dessus, par ordonnance du Médecin.
LUCAS.
Palsanguenne, vlà un Médecin qui me plaît ; je pense qu'il réussira, car il est bouffon.

Fin du premier Acte.

ACTE II.

SCENE PREMIERE.
GÉRONTE, VALERE, LUCAS, JACQUELINE.

VALERE.

Oui, Monsieur, je crois que vous serez satisfait, & nous vous avons amené le plus grand Médecin du monde.

LUCAS.

Oh, morguenne, il faut tirer l'échelle après ceti-là; & tous les autres ne sont pas daignes de li déchausser ses souliers.

VALERE.

C'est un homme qui fait des cures merveilleuses.

LUCAS.

Qui a gari des gens qui étiant morts.

VALERE.

Il est un peu capricieux, comme je vous ai dit; &, par fois, il a des momens où son esprit s'échappe, & ne paroît pas ce qu'il est.

LUCAS.

Oui, il aime à bouffonner; & l'an diroit par fois ne v'sen déplaise, qu'il a quelque petit coup de hache à la tête.

VALERE.

Mais, dans le fond, il est toute science; & bien souvent, il dit des choses tout-à-fait relevées.

COMEDIE.

LUCAS.
Quand il s'y boute, il parle tout fin drait comme s'il lisoit dans un livre.
VALERE.
Sa réputation s'est déjà répandue ici; & tout le monde vient à lui.
GÉRONTE.
Je meurs d'envie de le voir; faites-le moi vîte venir.
VALERE.
Je le vais querir.

SCENE II.

GÉRONTE, JACQUELINE, LUCAS.

JACQUELINE.
Par ma fi, Monsieu, ceti-ci fera justement ce qu'ant fait les autres. Je pense que ce sera queu si queu mi; & la meilleure médeçaine que l'an pourroit bailler à votre fille, ce seroit, selon moi, un biau & bon mari, pour qui alle eût de l'amiquié.
GÉRONTE.
Ouais, nourrice ma mie! Vous vous mêlez de bien des choses.
LUCAS.
Taisez-vous, notre minagere Jacquelaine; ce n'est pas à vous à bouter là votre nez.
JACQUELINE.
Je vous dis & vous douze, que tous ces Médecins n'y feront rien que de l'eau claire; que votre fille a besoin d'autre chose que de ribarbe & de séné, & qu'un mari est un emplâtre qui garit tous les maux des filles.
GÉRONTE.
Est-elle en état maintenant qu'on s'en voulût char-

E 5

ger avec l'infirmité qu'elle a ? Et, lorsque j'ai été dans le dessein de la marier, ne s'est-elle pas opposée à mes volontés ?

JACQUELINE.

Je le crois bian, vous li vouliez bailler eun homme qu'alle n'aime point. Que ne preniais-vous ce Monsieu Liandre qui li touchoit au cœur ? Alle auroit été fort obéissante ; & je m'en vas gager qu'il la prendroit li, comme alle est, si vous la li vouliais donner.

GERONTE.

Ce Léandre n'est pas ce qu'il lui faut ; il n'a pas du bien comme l'autre.

JACQUELINE.

Il a eun oncle qui est si riche, dont il est heriquié.

GERONTE.

Tous ces biens à venir me semblent autant de chansons. Il n'est rien tel que ce qu'on tient ; & l'on court grand risque de s'abuser, lorsque l'on compte sur le bien qu'un autre vous garde. La mort n'a pas toujours les oreilles ouvertes aux vœux & aux prieres de Messieurs les héritiers ; & l'on a le tems d'avoir les dents longues, lorsqu'on attend, pour vivre, le trépas de quelqu'un.

JACQUELINE.

Enfin, j'ai toujours oui dire qu'en mariage, comme ailleurs, contentement passe richesse. Les peres & les meres ont cette maudite coutume, de demander toujours qu'a-t-il & qu'a-t-elle ? Et le compere Piarre a marié sa fille Simonette au gros Thomas pour un quarquié de vaigne qu'il avoit davantage que le jeune Robin où alle avoit bouté son amiquié ; & vla que la pauvre criature en est devenue jaune comme eun coin, & n'a point profité tout depuis ce tems-là. C'est un bel exemple pour vous, Monsieu ; on n'a que son plaisir en ce monde ; & j'aimerois mieux bailler à ma fille eun bon mari qui li fût agriable, que toutes les rentes de la Biausse.

GERONTE.

Peste! Madame la nourrice, comme vous dégoisez! Taisez-vous, je vous prie, vous prenez trop de soin, & vous échauffez votre lait.

LUCAS *frappant à chaque phrase qu'il dit,*
sur l'épaule de Géronte.

Morgué, tai-toi, t'es eune impartinante. Monsieu n'a que faire de tes discours, & il sçait ce qu'il a à faire. Méle-toi de donner à teter à ton enfant, sans tant faire la raisonneuse. Monsieu est le pere de sa fille; & il est bon & sage pour voir ce qui li faut.

GERONTE.

Tout doux. Oh! Tout doux.

LUCAS *frappant encore sur l'épaule de Géronte.*

Monsieu, je veux un peu la mortifier, & li apprendre le respect qu'alle vous doit.

GERONTE.

Oui. Mais ces gestes ne sont pas nécessaires.

SCENE III.

VALERE, SGANARELLE, GERONTE, LUCAS, JACQUELINE.

VALERE.

Monsieur, préparez-vous. Voici notre Médecin qui entre.

GERONTE *à Sganarelle.*

Monsieur, je suis ravi de vous voir chez moi, & nous avons grand besoin de vous.

SGANARELLE *en robe de Médecin, avec un*
chapeau des plus pointus.

Hyppocrate dit... que nous nous couvrions tous deux.

LE MÉDECIN MALGRE LUI,

GERONTE.
Hyppocrate dit cela?

SGANARELLE.
Oui.

GÉRONTE.
Dans quel chapitre, s'il vous plaît?

SGANARELLE.
Dans son chapitre.... des chapeaux.

GÉRONTE.
Puisqu'Hyppocrate le dit, il le faut faire.

SGANARELLE.
Monsieur le Médecin, ayant appris les merveilleuses choses.....

GÉRONTE.
A qui parlez-vous, de grace?

SGANARELLE.
A vous.

GÉRONTE.
Je ne suis pas Médecin.

SGANARELLE.
Vous n'êtes pas Médecin.

GÉRONTE.
Non vraiment.

SGANARELLE.
Tout de bon?

GÉRONTE.
Tout de bon.

(Sganarelle prend un bâton & frappe Géronte.)
Ah, ah, ah!

SGANARELLE.
Vous êtes Médecin maintenant, je n'ai jamais eu d'autres licences.

GÉRONTE *à Valere.*
Quel diable d'homme m'avez-vous-là amené?

VALERE.
Je vous ai bien dit que c'étoit un Médecin goguenard.

COMEDIE.

GÉRONTE.
Oui. Mais je l'envoyerois promener avec ses goguenarderies.

LUCAS.
Ne prenez pas garde à ça, Monsieu, ce n'est que pour rire.

GÉRONTE.
Cette raillerie ne me plaît pas.

SGANARELLE.
Monsieur, je vous demande pardon de la liberté que j'ai prise.

GÉRONTE.
Monsieur, je suis votre serviteur.

SGANARELLE.
Je suis fâché....

GÉRONTE.
Cela n'est rien.

SGANARELLE.
Des coups de bâton.

GÉRONTE.
Il n'y a pas de mal.

SGANARELLE.
Que j'ai eu l'honneur de vous donner.

GÉRONTE.
Ne parlons plus de cela. Monsieur, j'ai une fille qui est tombée dans une étrange maladie.

SGANARELLE.
Je suis ravi, Monsieur, que votre fille ait besoin de moi, & je souhaiterois de tout mon cœur, que vous en eussiez besoin aussi, vous & toute votre famille, pour vous témoigner l'envie que j'ai de vous servir.

GÉRONTE.
Je vous suis obligé de ces sentimens.

SGANARELLE.
Je vous assure que c'est du meilleur de mon ame que je vous parle.

110 LE MÉDECIN MALGRÉ LUI,

GERONTE.
C'eſt trop d'honneur que vous me faites.

SGANARELLE.
Comment s'appelle votre fille ?

GERONTE.
Lucinde.

SGANARELLE.
Lucinde ! Ah, beau nom à médicamenter, Lucinde !

GERONTE.
Je m'en vais voir un peu ce qu'elle fait.

SGANARELLE.
Qui eſt cette grande femme-là ?

GERONTE.
C'eſt la nourrice d'un petit enfant que j'ai.

SCENE IV.

SGANARELLE, JACQUELINE, LUCAS.

SGANARELLE.
(à part.) (haut.)
Peſte, le joli meuble que voilà ! Ah ! nourrice, charmante nourrice, ma médecine eſt la très-humble eſclave de votre nourricerie, & je voudrois bien être le petit poupon fortuné qui tetât le lait de vos
(Il lui porte la main ſur le ſein.)
bonnes graces. Tous mes remedes, toute ma ſcience, toute ma capacité eſt à votre ſervice ; & ......

LUCAS.
Avec votre permiſſion, Monſieu le Médecin, laiſſez-là ma femme, je vous prie.

SGANARELLE.
Quoi ! elle eſt votre femme.

LUCAS.
Oui.

SGANARELLE.

Ah! vraiment, je ne sçavois pas cela, & je m'en réjouis pour l'amour de l'un & de l'autre.

(*Il fait semblant de vouloir embrasser Lucas, & embrasse la Nourrice.*)

LUCAS *tirant Sganarelle, & se remettant entre lui & sa femme.*

Tout doucement, s'il vous plaît.

SGANARELLE.

Je vous assure que je suis ravi que vous soyez unis ensemble. Je la félicite d'avoir un mari comme vous; & je vous félicite, vous, d'avoir une femme si belle, si sage, & si bien faite comme elle est.

(*Il fait encore semblant d'embrasser Lucas, qui lui tend les bras; Sganarelle passe dessous, & embrasse encore la Nourrice.*)

LUCAS *le tirant encore.*

Hé, tétiguié, point tant de complimens, je vous supplie.

SGANARELLE.

Ne voulez-vous pas que je me réjouisse avec vous d'un si bel assemblage?

LUCAS.

Avec moi, tant qu'il vous plaira ; mais avec ma femme, treve de carimonie.

SGANARELLE.

Je prends part également au bonheur de tous deux. Et si je vous embrasse pour vous témoigner ma joie, je l'embrasse de même pour lui en témoigner aussi.

(*Il continue le même jeu.*)

LUCAS *le tirant pour la troisieme fois.*

Ah! vartigué, Monsieu le Médecin, que de lantiponage!

SCENE V.
GÉRONTE, SGANARELLE, LUCAS JACQUELINE.

GÉRONTE.
Monsieur, voici tout-à-l'heure ma fille qu'on va vous amener.
SGANARELLE.
Je l'attends, Monsieur, avec toute la médecine.
GÉRONTE.
Où est-elle?
SGANARELLE *se touchant le front.*
Là-dedans.
GÉRONTE.
Fort bien.
SGANARELLE.
Mais comme je m'intéresse à toute votre famille, il faut que j'essaie un peu le lait de votre Nourrice, & que je visite son sein.

(*Il s'approche de Jacqueline.*)

LUCAS *le tirant, & lui faisant faire la pirouette.*
Nanain, nanain, je n'avons que faire de ça.
SGANARELLE.
C'est l'office du Médecin, de voir les tetons des nourrices.
LUCAS.
Il gnia office qui quienne, je sis votre sarviteur.
SGANARELLE.
As-tu bien la hardiesse de t'opposer au Médecin? Hors de-là.
LUCAS.
Je me moque de ça.
SGANARELLE *le regardant de travers.*
Je te donnerai la fievre.

COMÉDIE. 113

JACQUELINE *prenant Lucas par le bras & lui faisant faire aussi la pirouette.*

Ote-toi de-là aussi. Est-ce que je ne sis pas assez grande pour me défendre moi-même, s'il me fait queuque chose qui ne soit pas à faire.

LUCAS.

Je ne veux point qu'il te tâte, moi.

SGANARELLE.

Fi, le vilain, qui est jaloux de sa femme.

GÉRONTE.

Voici, ma fille.

SCENE VI.

LUCINDE, GÉRONTE, SGANARELLE, VALERE, LUCAS, JACQUELINE.

SGANARELLE.

Est-ce-là la malade ?

GÉRONTE.

Oui. Je n'ai qu'elle de fille, & j'aurois tous les regrets du monde, si elle venoit à mourir.

SGANARELLE.

Qu'elle s'en garde bien. Il ne faut pas qu'elle meure sans l'ordonnance du Médecin.

GÉRONTE.

Allons, un siege.

SGANARELLE *assis entre Géronte & Lucinde.*

Voilà une malade qui n'est pas tant dégoûtante, & je tiens qu'un homme bien sain s'en accommoderoit assez.

GÉRONTE.

Vous l'avez fait rire, Monsieur.

SGANARELLE.

Tant mieux, lorſque le Médecin fait rire le malade.
(*à Lucinde.*)
C'eſt le meilleur ſigne du monde. Hé bien, de quoi eſt-il queſtion? Qu'avez-vous? Quel eſt le mal que vous ſentez?

LUCINDE *portant ſa main à ſa bouche, à ſa tête & ſous ſon menton.*

Han, hi, hon, han.

SGANARELLE.

Hé? Que dites-vous?

LUCINDE *continue les mêmes geſtes.*

Han, hi, hon, han, han, hi, hon.

SGANARELLE.

Quoi?

LUCINDE.

Han, hi, hon.

SGANARELLE.

Han, hi, hon, han, ha. Je ne vous entends point. Quel diable de langage eſt-ce-là?

GÉRONTE.

Monſieur, c'eſt-là ſa maladie. Elle eſt devenue muette, ſans que juſqu'ici on en ait pu ſçavoir la cauſe, & c'eſt un accident qui a fait reculer ſon mariage.

SGANARELLE.

Et pourquoi?

GÉRONTE.

Celui qu'elle doit épouſer veut attendre ſa guériſon pour conclure les choſes.

SGANARELLE.

Et qui eſt ce ſot là, qui ne veut pas que ſa femme ſoit muette? Plût à Dieu que ma femme eût cette maladie! Je me garderois bien de la vouloir guérir.

GÉRONTE.

Enfin, Monſieur, nous vous prions d'employer tous vos ſoins pour la ſoulager de ſon mal.

COMEDIE.

SGANARELLE.
Ah! ne vous mettez pas en peine. Dites-moi un peu, ce mal l'oppresse-t-il beaucoup ?
GÉRONTE.
Oui, Monsieur.
SGANARELLE.
Tant mieux. Sent-elle de grandes douleurs ?
GÉRONTE.
Fort grandes.
SGANARELLE.
C'est fort bien fait. Va-t-elle où vous sçavez ?
GÉRONTE.
Oui.
SGANARELLE.
Copieusement ?
GÉRONTE.
Je n'entends rien à cela.
SGANARELLE.
La matiere est-elle louable ?
GÉRONTE.
Je ne me connois pas à ces choses.
SGANARELLE.
(*à Lucinde.*)   (*à Géronte.*)
Donnez-moi votre bras. Voilà un pous qui marque que votre fille est muette.
GÉRONTE.
Hé, oui, Monsieur, c'est-là son mal, vous l'avez trouvé tout du premier coup.
SGANARELLE.
Ah, ah !
JACQUELINE.
Voyez comme il a deviné sa maladie.
SGANARELLE.
Nous autres grands Médecins, nous connoissons d'abord les choses. Un ignorant auroit été embarrassé, & vous eût été dire, c'est ceci, c'est cela ; mais moi, je touche au but du premier coup, & je vous apprends que votre fille est muette.

GÉRONTE.
Oui, mais je voudrois bien que vous me puiſſiez dire d'où cela vient?

SGANARELLE.
Il n'eſt rien de plus aiſé. Cela vient de ce qu'elle a perdu la parole.

GÉRONTE.
Fort bien; mais la cauſe, s'il vous plaît, qui fait qu'elle a perdu la parole?

SGANARELLE.
Tous nos meilleurs Auteurs vous diront que c'eſt l'empêchement de l'action de ſa langue.

GÉRONTE.
Mais encore, vos ſentimens ſur cet empêchement de l'action de ſa langue?

SGANARELLE.
Ariſtote, là-deſſus, dit.... de fort belles choſes.

GÉRONTE.
Je le crois.

SGANARELLE.
Ah! C'étoit un grand homme!

GÉRONTE.
Sans doute.

SGANARELLE.
Grand homme tout-à-fait; un homme qui étoit plus
(levant ſon bras depuis le coude.)
grand que moi de tout cela. Pour revenir donc à notre raiſonnement, je tiens que cet empêchement de l'action de ſa langue eſt cauſé par de certaines humeurs, qu'entre nous autres Sçavans, nous appellons humeurs peccantes, c'eſt-à-dire.... humeurs peccantes; d'autant que les vapeurs formées par les exhalaiſons des influences, qui s'élevent dans la région des maladies, venant.... pour ainſi dire... à... Entendez-vous le Latin?

GÉRONTE.
En aucune façon?

COMÉDIE. 117

SGANARELLE *se levant brusquement.*

Vous n'entendez point le Latin ?

GÉRONTE.

Non.

SGANARELLE *avec enthousiasme.*

Cabricias arci thuram, catalamus, singulariter, nominativo, hæc musa la muse, *bonus, bona, bonum, Deus sanctus, est-ne oratio latinas ? Etiam,* oui. *Quare,* pourquoi ? *Quia substantivo, & adjectivum, concorda in generi, numerum, & casus.*

GÉRONTE.

Ah ! que n'ai-je étudié ?

JACQUELINE.

L'habile homme que vlà !

LUCAS.

Oui, ça est si biau, que je n'y entends goutte.

SGANARELLE.

Or, ces vapeurs, dont je vous parle, venant à passer du côté gauche où est le foie, au côté droit ou est le cœur, il se trouve que le poulmon, que nous appellons en Latin, *armyan*, ayant communication avec le cerveau, que nous nommons en Grec, *nasmus*, par le moyen de la veine cave, que nous appellons en Hébreu, *cubile*, rencontre en son chemin lesdites vapeurs qui remplissent les ventricules de l'omoplate ; & parce que lesdites vapeurs.... comprenez bien ce raisonnement, je vous prie, & parce que lesdites vapeurs ont certaine malignité..... Ecoutez bien ceci, je vous conjure.

GÉRONTE.

Oui.

SGANARELLE.

Ont une certaine malignité qui est causée.... Soyez attentif, s'il vous plaît.

GÉRONTE.

Je le suis.

SGANARELLE.

Qui est causée pas l'acreté des humeurs engendrées

dans la concavité du diaphragme, il arrive que ces vapeurs.... *Offabandus, nequei, nequer, potarium, quipfa milus.* Voilà juftement ce qui fait que votre fille eft muette.

JACQUELINE.
Ah ! que ça eft bian dit, notre homme !

LUCAS.
Que n'ai-je la langue auffi bian pendue ?

GÉRONTE.
On ne peut pas mieux raifonner, fans doute. Il n'y a qu'une feule chofe qui m'a choqué ; c'eft l'endroit du foie & du cœur. Il me femble que vous les placez autrement qu'ils ne font, que le cœur eft du côté gauche, & le foie du côté droit.

SGANARELLE.
Oui, cela étoit autrefois ainfi ; mais nous avons changé tout cela, & nous faifons maintenant la mé-médecine d'une méthode toute nouvelle.

GÉRONTE.
C'eft ce que je ne fçavois pas ; & je vous demande pardon de mon ignorance.

SGANARELLE.
Il n'y a point de mal ; & vous n'êtes pas obligé d'être auffi habile que nous.

GÉRONTE.
Affurément. Mais, Monfieur, que croyez-vous qu'il faille faire à cette maladie ?

SGANARELLE.
Ce que je crois qu'il faille faire ?

GÉRONTE.
Oui.

SGANARELLE.
Mon avis eft qu'on la remette fur fon lit, & qu'on lui faffe prendre, pour remede, quantité de pain trempé dans le vin.

GÉRONTE.
Pourquoi cela, Monfieur ?

COMEDIE. 119
SGANARELLE.
Parce qu'il y a dans le vin & le pain, mêlés ensemble, une vertu sympathique qui fait parler. Ne voyez-vous pas bien qu'on ne donne autre chose aux perroquets, & qu'ils apprennent à parler en mangeant de cela ?
GÉRONTE.
Cela est vrai. Ah, le grand homme ! vîte, quantité de pain & de vin.
SGANARELLE.
Je reviendrai voir, sur le soir, en quel état elle sera.

SCENE VII.
GÉRONTE, SGANARELLE, JACQUELINE.
SGANARELLE.
(à Jacqueline.)   (à Géronte.)

Doucement, vous. Monsieur, voilà une nourrice à laquelle il faut que je fasse quelques petits remedes.
JACQUELINE.
Qui ? moi ? je me porte le mieux du monde.
SGANARELLE.
Tant pis, nourrice, tant pis. Cette grande santé est à craindre ; & il ne sera pas mauvais de vous faire quelque petite saignée amiable, de vous donner quelque petit clistere dulcifiant.
GÉRONTE.
Mais, Monsieur, voilà une mode que je ne comprends point. Pourquoi s'aller faire saigner, quand on n'a point de maladie ?
SGANARELLE.
Il n'importe, la mode en est salutaire, &, comme

LE MÉDECIN MALGRÉ LUI,

on boit pour la soif à venir, il faut se faire aussi saigner pour la maladie à venir.

JACQUELINE *en s'en allant.*

Ma fi, je me moque de ça, & je ne veux point faire de mon corps une boutique d'apothicaire.

SGANARELLE.

Vous êtes rétive aux remedes ; mais nous sçaurons vous soumettre à la raison.

SCENE VIII.
GÉRONTE, SCANARELLE.

SGANARELLE.

JE vous donne le bon jour.

GÉRONTE.

Attendez un peu, s'il vous plaît.

SGANARELLE.

Que voulez-vous faire ?

GÉRONTE.

Vous donner de l'argent, Monsieur.

SGANARELLE *tendant sa main par derriere, tandis que Géronte ouvre sa bourse.*

Je n'en prendrai pas, Monsieur.

GÉRONTE.

Monsieur.

SGANARELLE.

Point du tout.

GÉRONTE.

Un petit moment.

SGANARELLE.

En aucune façon.

GÉRONTE.

De grace.

SGANARELLE.

Vous vous moquez.

GÉRONTE.

COMEDIE.

GÉRONTE.

Voilà qui est fait.

SGANARELLE.

Je n'en ferai rien.

GÉRONTE.

Hé !

SGANARELLE.

Ce n'est pas l'argent qui me fait agir.

GÉRONTE.

Je le crois.

SGANARELLE *après avoir pris l'argent.*

Cela est-il de poids ?

GÉRONTE.

Oui, Monsieur.

SGANARELLE.

Je ne suis pas un Médecin mercenaire.

GÉRONTE.

Je le sçais bien.

SGANARELLE.

L'intérêt ne me gouverne point.

GÉRONTE.

Je n'ai pas cette pensée.

SGANARELLE *seul, regardant l'argent qu'il a reçu.*
Ma foi, cela ne va pas mal ; & pourvu que....

SCENE IX.

LEANDRE, SGANARELLE.

LEANDRE.

Monsieur, il y a long-tems que je vous attends, & je viens implorer votre assistance.

SGANARELLE *lui tâtant le pouls.*
Voilà un pouls qui est fort mauvais.

LEANDRE.

Je ne suis point malade, Monsieur ; & ce n'est pas pour cela que je viens à vous.

SGANARELLE.

Si vous n'êtes pas malade, que diable ne le dites-vous donc ?

LEANDRE.

Non. Pour vous dire la chose en deux mots, je m'appelle Léandre qui suis amoureux de Lucinde que vous venez de visiter ; & comme, par la mauvaise humeur de son pere, toute sorte d'accès m'est fermé auprès d'elle, je me hasarde à vous prier de vouloir servir mon amour, & de me donner lieu d'exécuter un stratagême que j'ai trouvé, pour lui pouvoir dire deux mots d'où dépendent absolument mon bonheur & ma vie.

SGANARELLE.

Pour qui me prenez-vous ? Comment ? Oser vous adresser à moi pour vous servir dans votre amour, & vouloir ravaler la dignité de Médecin à des emplois de cette nature ?

LEANDRE.

Monsieur, ne faites point de bruit.

SGANARELLE *en le faisant reculer.*

J'en veux faire, moi. Vous êtes un impertinent.

LEANDRE.

Hé ! Monsieur, doucement.

SGANARELLE.

Un malavisé.

LEANDRE.

De grace.

SGANARELLE.

Je vous apprendrai que je ne suis point homme à cela, & que c'est une insolence extrême...

LEANDRE *tirant une bourse.*

Monsieur...

COMÉDIE.

SGANARELLE.
(recevant la bourse.)

De vouloir m'employer... Je ne parle pas pour vous, car vous êtes honnête-homme, & je serai ravi de vous rendre service. Mais il y a de certains impertinens au monde, qui viennent prendre les gens pour ce qu'ils ne sont pas; & je vous avoue que cela me met en colere.

LEANDRE.

Je vous demande pardon, Monsieur, de la liberté que...

SGANARELLE.

Vous vous moquez. De quoi est-il question ?

LEANDRE.

Vous sçaurez donc, Monsieur, que cette maladie que vous voulez guérir, est une feinte maladie. Les Médecins ont raisonné là-dessus comme il faut ; & ils n'ont pas manqué de dire que cela procédoit ; qui du cerveau, qui des entrailles, qui de la rate, qui du foie ; mais il est certain que l'amour en est la véritable cause, & que Lucinde n'a trouvé cette maladie, que pour se délivrer d'un mariage dont elle étoit importunée. Mais, de crainte qu'on ne nous voie ensemble, retirons-nous d'ici ; & je vous dirai, en marchant, ce que je souhaite de vous.

SGANARELLE.

Allons, Monsieur. Vous m'avez donné pour votre amour une tendresse qui n'est pas concevable ; & j'y perdrai toute ma médecine, ou la malade crévera, ou bien elle sera à vous.

Fin du second Acte.

ACTE III.

SCENE PREMIERE.
LÉANDRE, SGANARELLE.

LEANDRE.

IL me semble que je ne suis pas mal ainsi, pour un Apothicaire, & comme le pere ne m'a guere vu, ce changement d'habit & de perruque est assez capable, je crois, de me déguiser à ses yeux.

SGANARELLE.

Sans doute.

LEANDRE.

Tout ce que je souhaiterois, seroit de sçavoir cinq ou six grands mots de médecine, pour parer mon discours, & me donner l'air d'habile homme.

SGANARELLE.

Allez, allez, tout cela n'est pas nécessaire; il suffit de l'habit, & je n'en sçais pas plus que vous.

LEANDRE.

Comment?

SGANARELLE.

Diable emporte si j'entends rien en médecine. Vous êtes honnête-homme, & je veux bien me confier à vous, comme vous vous confiez à moi.

LEANDRE.

Quoi? Vous n'êtes pas effectivement.

SGANARELLE.

Non, vous dis-je, ils m'ont fait Médecin malgré mes dents. Je ne m'étois jamais mêlé d'être si sçavant que cela; & toutes mes études n'ont été que jusqu'en sixieme. Je ne sais point sur quoi cette imagination leur est venue ; mais quand j'ai vu qu'à toute force ils vouloient que je fusse Médecin, je me suis résolu de l'être aux dépens de qui il appartiendra. Cependant vous ne sauriez croire comment l'erreur s'est répandue, & de quelle façon chacun est endiablé à me croire habile homme. On me vient chercher de tous côtés ; & si les choses vont toujours de même, je suis d'avis de m'en tenir toute ma vie à la médecine. Je trouve que c'est le métier le meilleur de tous ; car, soit qu'on fasse bien, ou soit qu'on fasse mal, on est toujours payé de même sorte. La méchante besogne ne retombe jamais sur notre dos, & nous taillons, comme il nous plaît, sur l'étoffe où nous travaillons. Un cordonnier, en faisant des souliers, ne sçauroit gâter un morceau de cuir, qu'il n'en paie les pots cassés ; mais ici l'on peut gâter un homme, sans qu'il en coûte rien. Les bévues ne sont point pour nous ; & c'est toujours la faute de celui qui meurt. Enfin, le bon de cette profession, est qu'il y a, parmi les morts, une honnêteté, une discrétion la plus grande du monde ; jamais on n'en voit se plaindre du médecin qui l'a tué.

LEANDRE.

Il est vrai que les morts sont fort honnêtes-gens sur cette matiere.

SGANARELLE *voyant des hommes qui viennent à lui.*

Voilà des gens qui ont la mine de me venir con-
(*à Léandre.*)
sulter. Allez toujours m'attendre auprès du logis de votre maîtresse.

SCENE II.

THIBAUT, PERRIN, SGANARELLE.

THIBAUT.

Monsieu, je venons vous charcher, mon fils Perrin & moi.

SGANARELLE.

Qu'y a-t-il ?

THIBAUT.

Sa pauvre mere, qui a nom Parette, est dans un lit malade il y a six mois.

SGANARELLE *tendant la main comme pour recevoir de l'argent.*

Que voulez-vous que j'y fasse ?

THIBAUT.

Je voudrions, Monsieu, que vous nous baillissiez queuque petite drôlerie pour la garir.

SGANARELLE.

Il faut voir. De quoi est-ce qu'elle est malade ?

THIBAUT.

Alle est malade d'hypocrisie, Monsieu.

SGANARELLE.

D'hypocrisie ?

THIBAUT.

Oui, c'est-à-dire, qu'alle est enflée par-tout & l'an dit que c'est quantité de sérosités qu'alle a dans le corps, & que son foie, son ventre, ou sa rate, comme vous voudrais l'appeller, au glieu de faire du sang, ne fait plus que de liau. Alle a, de deux jours l'un, la fievre quotiguenne, avec des lassitudes & des douleurs dans les musles des jambes. On entend dans sa gorge des fleumes qui sont tout prêts à l'étouffer ; & par fois il li prend des sincoles & des conversions, que je crayons qu'alle est passée. J'avous dans notre village un Apothicaire, révérence parler, qui li a donné je ne sçais combien d'histoires, & il m'en coûte plus d'une douzaine de bons écus en lavemens, ne v'sen déplaise, en aposthumes qu'on li a fait prendre, en infections de Jacinthe, & en portions cordales. Mais tout ça, comme dit l'autre, n'a été que de l'onguent miton-mitaine. Il veloit li bailler d'eune certaine drogue que l'on appelle du vin ametile ; mais j'ai-s-eu peur franchement que ça l'envoyit *à patres*, & l'an dit que ces gros Médecins tuont je ne sçais combien de monde avec cet invention-là.

SGANARELLE *tendant toujours la main.*
Venons au fait, mon ami, venons au fait.

THIBAUT.
Le fait est, Monsieur, que je venons vous prier de nous dire ce qu'il faut que je fassions.

SGANARELLE.
Je ne vous entends point du tout.

PERRIN.
Monsieu, ma mere est malade, & vlà deux écus que je vous apportons, pour nous bailler quelque remede.

SGANARELLE.
Ah! je vous entends, vous. Voilà un garçon qui parle clairement, & qui s'explique comme il faut. Vous dites que votre mere est malade d'ydropisie, qu'elle est enflée par-tout le corps, qu'elle a la fievre, avec des douleurs dans les jambes, & qu'il lui prend par fois des syncopes & des convulsions, c'est-à-dire, des évanouissemens.

PERRIN.
Hé, oui, Monsieu, c'est justement ca.

SGANARELLE.
J'ai compris d'abord vos paroles. Vous avez un pere qui ne sçait ce qu'il dit. Maintenant, vous me demandez un remede ?

F 4

PERRIN.

Oui, Monsieu.

SGANARELLE.

Un remede pour la guérir?

PERRIN.

C'eſt comme je l'entendons.

SGANARELLE.

Tenez, voilà un morceau de fromage qu'il faut que vous lui faſſiez prendre.

PERRIN.

Du fromage, Monſieu?

SGANARELLE.

Oui, c'eſt un fromage préparé, où il entre de l'or, du corail & des perles, & quantité d'autres choſes précieuſes.

PERRIN.

Monſieu, je vous ſommes bien obligés; & j'allons li faire prendre ça tout-à-l'heure.

SGANARELLE.

Allez. Si elle meurt, ne manquez pas de la faire enterrer du mieux que vous pourrez.

SCENE III.

JACQUELINE, SGANARELLE, LUCAS *dans le fond du Théatre.*

SGANARELLE.

Voici la belle nourrice. Ah! Nourrice de mon cœur, je suis ravi de cette rencontre; & votre vue eſt la rhubarbe, la caſſe, & le ſené, qui purgent toute la mélancolie de mon ame.

JACQUELINE.

Par ma figué, Monſieur le Médecin, ça eſt trop bian dit pour moi, & je n'entens rien à tout votre Latin.

COMEDIE.

SGANARELLE.

Devenez malade, nourrice, je vous prie, devenez malade pour l'amour de moi. J'aurois toutes les joies du monde de vous guérir.

JACQUELINE.

Je suis votre sarvante ; j'aime bian mieux qu'an ne me garisse pas.

SGANARELLE.

Que je vous plains, belle nourrice, d'avoir un mari jaloux & fâcheux, comme celui que vous avez !

JACQUELINE.

Que vlez-vous, Monsieu ? C'est pour la pénitence de mes fautes ; & là où la chevre est liée, il faut bian qu'alle y broute.

SGANARELLE.

Comment ? Un rustre comme cela ? Un homme qui vous observe toujours, & ne veut pas que personne vous parle ?

JACQUELINE.

Hélas ! vous n'avez rian vu encore ; & ce n'est qu'un petit échantillon de sa mauvaise himeur.

SGANARELLE.

Est-il possible, & qu'un homme ait l'ame assez basse pour maltraiter une personne comme vous ? Ah ! Que j'en sçais, belle nourrice, & qui ne sont pas loin d'ici, qui se tiendroient heureux de baiser seulement les petits bouts de vos petons ! Pourquoi faut-il qu'une personne si bien faite, soit tombée en de pareilles mains, & qu'un franc animal, un brutal, un stupide, un sot..... Pardonnez-moi, nourrice, si je parle ainsi de votre mari.

JACQUELINE.

Hé, Monsieu, je sçais bian qu'il mérite tous ces noms-là.

SGANARELLE.

Oui, sans doute, nourrice, il les mérite, & il mériteroit encore que vous lui missiez quelque chose sur la téte, pour le punir des soupçons qu'il a.

JACQUELINE.

Il eſt bian vrai que, ſi je n'avois devant les yeux que ſon intérêt, il pourroit m'obliger à queuque étrange choſe.

SGANARELLE.

Ma foi, vous ne feriez pas mal de vous venger de lui avec quelqu'un. C'eſt un homme, je vous le dis, qui mérite bien cela ; &, ſi j'étois aſſez heureux, belle nourrice, pour être choiſi pour.....

Dans le tems que Sganarelle tend les bras pour embraſſer Jacqueline ; Lucas paſſe ſa tête par-deſſous, & ſe met entre eux deux. Sganarelle & Jacqueline regardent Lucas, & ſortent chacun de leur côté.

SCENE IV.
GÉRONTE, LUCAS.

GERONTE.

Holà, Lucas, n'as-tu point vu ici notre Médecin ?

LUCAS.

Et oui, de par tous les diantres, je l'ai vu & ma femme auſſi.

GERONTE.

Où eſt-ce donc qu'il peut être ?

LUCAS.

Je ne ſçais ; mais je voudrois qu'il fût à tous les guebles.

GERONTE.

Va-t-en voir un peu ce que fait ma fille.

SCENE V.
SGANARELLE, LEANDRE, GERONTE.

GERONTE.

AH! Monsieur, je demandois où vous étiez.

SGANARELLE.

Je m'étois amusé dans votre cour à expulser le superflu de la boisson. Comment se porte la malade?

GÉRONTE.

Un peu plus mal, depuis votre remede.

SGANARELLE.

Tant mieux. C'est signe qu'il opere.

GÉRONTE.

Oui; mais, en opérant, je crains qu'il ne l'étouffe.

SGANARELLE.

Ne vous mettez pas en peine; j'ai des remedes qui se moquent de tout, & je l'attends à l'agonie.

GÉRONTE *montrant Léandre.*

Qui est cet homme-là que vous amenez?

SGANARELLE *faisant des signes avec la main, pour montrer que c'est un Apothicaire.*

C'est....

GÉRONTE.

Quoi?

SGANARELLE.

Celui....

GÉRONTE.

Hé!

SGANARELLE.

Qui....

GÉRONTE.

Je vous entends.

SGANARELLE.

Votre fille en aura besoin.

SCENE VI.

LUCINDE, GERONTE, LEANDRE, JACQUELINE, SGANARELLE.

JACQUELINE.

MOnsieur, vlà votre fille qui veut un peu marcher.

SGANARELLE.

Cela lui fera du bien. Allez-vous-en, Monsieur l'Apothicaire, tâter un peu son pouls, afin que je raisonne tantôt avec vous de sa maladie.
(*Sganarelle tire Géronte dans un coin du Théatre, & lui passe un bras sur les épaules pour l'empêcher de tourner la tête du côté où sont Léandre & Lucinde.*)
Monsieur, c'est une grande & subtile question, entre les Docteurs, de sçavoir, si les femmes sont plus faciles à guérir que les hommes. Je vous prie d'écouter ceci, s'il vous plaît. Les uns disent que non, les autres disent que oui; & moi je dis que oui & non, d'autant que l'incongruité des humeurs opaques, qui se rencontrent au tempérament naturel des femmes, étant cause que la partie brutale veut toujours prendre empire sur la sensitive, on voit que l'inégalité de leurs opinions dépend du mouvement oblique du cercle de la lune; & comme le soleil qui darde ses rayons sur la concavité de la terre, trouve......

LUCINDE *à Léandre.*

Non, je ne suis point du tout capable de changer de sentiment.

GÉRONTE.

Voilà ma fille qui parle ! O grande vertu du remede ! O admirable Médecin ! Que je vous suis obligé, Monsieur, de cette guérison merveilleuse, & que puis-je faire pour vous après un tel service ?

COMEDIE. 133

SGANARELLE *se promenant sur le Théatre, & s'éventant avec son chapeau.*
Voilà une maladie qui m'a bien donné de la peine !
LUCINDE.
Oui, mon pere, j'ai recouvré la parole ; mais je l'ai recouvrée pour vous dire, que je n'aurai jamais d'autre époux que Léandre, & que c'est inutilement que vous voulez me donner Horace.
GÉRONTE.
Mais....
LUCINDE.
Rien n'est capable d'ébranler la résolution que j'ai prise.
GÉRONTE.
Quoi...
LUCINDE.
Vous m'opposerez en vain de belles raisons.
GÉRONTE.
Si...
LUCINDE.
Tous vos discours ne serviront de rien.
GÉRONTE
Je...
LUCINDE.
C'est une chose où je suis déterminée.
GÉRONTE.
Mais...
LUCINDE.
Il n'est puissance paternelle qui me puisse obliger à me marier malgré moi.
GÉRONTE.
J'ai...
LUCINDE.
Vous avez beau faire tous vos efforts.
GÉRONTE.
Il...
LUCINDE.
Mon cœur ne sauroit se soumettre à cette tyrannie.

GÉRONTE.

La...

LUCINDE.

Et je me jetterai plutôt dans un couvent, que d'épouser un homme que je n'aime point.

GÉRONTE.

Mais...

LUCINDE *avec vivacité*.

Non. En aucune façon. Point d'affaires. Vous perdez le tems. Je n'en ferai rien. Cela est résolu.

GÉRONTE.

Ah ! quelle impétuosité de paroles ! il n'y a pas moyen d'y résister. (*à Sganarelle.*) Monsieur, je vous prie de la faire redevenir muette.

SGANARELLE.

C'est une chose qui m'est impossible. Tout ce que je puis faire pour votre service, est de vous rendre sourd, si vous voulez.

GÉRONTE.

Je vous remercie. (*à Lucinde.*) Penses-tu donc....

LUCINDE.

Non, toutes vos raisons ne gagneront rien sur mon ame.

GÉRONTE.

Tu épouseras horace dès ce soir.

LUCINDE.

J'épouserai plutôt la mort.

SGANARELLE *à Géronte*.

Mon Dieu, arrêtez-vous, laissez-moi médicamenter cette affaire. C'est une maladie qui la tient ; & je sçais le remede qu'il faut y apporter.

GÉRONTE.

Seroit-il possible, Monsieur, que vous puissiez aussi guérir cette maladie d'esprit ?

SGANARELLE.

Oui, laissez-moi faire, j'ai des remedes pour tout ; & notre Apothicaire nous servira pour cette cure. (*à Léandre.*) Un mot. Vous voyez que l'ardeur qu'elle

COMEDIE. 135

a pour ce Léandre, est tout-à-fait contraire aux volontés du pere, qu'il n'y a point de tems à perdre, que les humeurs sont fort aigries, & qu'il est nécessaire de trouver promptement un remede à ce mal, qui pourroit empirer par le retardement. Pour moi, je n'y en vois qu'un seul, qui est une prise de fuite purgative, que vous mêlerez, comme il faut, avec deux dragmes de matrimonium en pilulles. Peut-être fera-t-elle quelque difficulté à prendre ce remede ; mais comme vous êtes habile homme dans votre métier, c'est à vous de l'y résoudre & de lui faire avaler la chose du mieux que vous pourrez. Allez-vous-en lui faire faire un petit tour de jardin, afin de préparer les humeurs, tandis que j'entretiendrai ici son pere ; mais, sur-tout, ne perdez point de tems. Au remede, vîte, au remede spécifique.

SCENE VII.
GÉRONTE, SGANARELLE.

GÉRONTE.

Quelles drogues, Monsieur, sont celles que vous venez de dire ? Il me semble que je ne les ai jamais oui nommer.

SGANARELLE.

Ce sont drogues dont on se sert dans les nécessités urgentes.

GÉRONTE.

Avez-vous jamais vu une insolence pareille à la sienne ?

SGANARELLE.

Les filles sont quelquefois un peu têtues.

GÉRONTE.

Vous ne sauriez croire comme elle est affolée de ce Léandre.

SGANARELLE.
La chaleur du sang fait cela dans les jeunes esprits.
GÉRONTE.
Pour moi, dès que j'ai eu découvert la violence de cet amour, j'ai sçu tenir toujours ma fille renfermée.
SGANARELLE.
Vous avez fait sagement.
GÉRONTE.
Et j'ai bien empêché qu'ils n'aient eu communication ensemble.
SGANARELLE.
Fort bien.
GÉRONTE.
Il seroit arrivé quelque folie, si j'avois souffert qu'ils se fussent vus.
SGANARELLE.
Sans doute.
GÉRONTE.
Et je crois qu'elle auroit été fille à s'en aller avec lui.
SGANARELLE.
C'est prudemment raisonné.
GÉRONTE.
On m'avertit qu'il fait tous ses efforts pour lui parler.
SGANARELLE.
Quel drôle.
GÉRONTE.
Mais il perdra son tems.
SGANARELLE.
Ah, ah !
GÉRONTE.
Et j'empêcherai bien qu'il ne la voie.
SGANARELLE.
Il n'a pas affaire à un sot, & vous sçavez des rubriques qu'il ne sçait pas. Plus fin que vous n'est pas bête.

SCENE VIII.

LUCAS, GERONTE, SGANARELLE.

LUCAS.

AH! palſanguienne, Monſieu, vaici bian du tintamarre; votre fille s'en eſt enfuie avec ſon Liandre. C'étoit lui qui étoit l'Apothicaire, & vlà Monſieu le Médecin qui a fait cette belle opération-là.

GERONTE.

Comment! m'aſſaſſiner de la façon? Allons, un Commiſſaire, & qu'on empêche qu'il ne ſorte. Ah! traître, je vous ferai punir par la juſtice.

LUCAS.

Ah! par ma fi, Monſieu le Médecin, vous ſerez pendu; ne bougez de-là ſeulement.

SCENE IX.

MARTINE, SGANARELLE, LUCAS.

MARTINE *à Lucas.*

AH, mon Dieu! que j'ai eu de peine à trouver ce logis! Dites-moi un peu des nouvelles du Médecin que je vous ai donné.

LUCAS.

Le vlà qui va être pendu.

MARTINE.

Quoi! mon mari pendu? Hélas! Et qu'a-t-il fait pour cela?

LUCAS.
Il a fait enlever la fille de notre maître.
MARTINE.
Hélas ! mon cher mari, eſt-il bien vrai qu'on te va pendre ?
SGANARELLE.
Tu vois. Ah !
MARTINE.
Faut-il que tu te laiſſes mourir en preſence de tant de gens ?
SGANARELLE.
Que veux-tu que j'y faſſe ?
MARTINE.
Encore ſi tu avois achevé de couper notre bois, je prendrois quelque conſolation.
SGANARELLE.
Retire-toi de là, tu me fends le cœur.
MARTINE.
Non ; je veux demeurer pour t'encourager à la mort : & je ne te quitterai point que je ne t'aie vu pendu.
SGANARELLE.
Ah !

SCENE X.
GÉRONTE, SGANARELLE, MARTINE.

GÉRONTE à Sganarelle.

LE Commiſſaire viendra bientôt, & l'on s'en va vous mettre en un lieu où l'on me répondra de vous.
SGANARELLE à genoux.
Hélas ! cela ne ſe peut-il point changer en quelques coups de bâton ?

COMÉDIE.
GÉRONTE.
Non, non, la justice en ordonnera. Mais que vois-je ?

SCENE DERNIERE.
GÉRONTE, LEANDRE, LUCINDE, SGANARELLE, LUCAS, MARTINE.

LEANDRE.

Monsieur, je viens faire paroître Léandre à vos yeux, & remettre Lucinde en votre pouvoir. Nous avons eu dessein de prendre la fuite tous deux, & de nous aller marier ensemble ; mais cette entreprise a fait place à un procédé plus honnête. Je ne prétends point vous voler votre fille, & ce n'est que de votre main que je veux la recevoir. Ce que je vous dirai, Monsieur, c'est que je viens tout à l'heure de recevoir des lettres, par où j'apprends que mon oncle est mort, & que je suis héritier de tous ses biens.

GÉRONTE.
Monsieur, votre vertu m'est tout-à-fait considérable ; & je vous donne ma fille avec la plus grande joie du monde.

SGANARELLE *à part*.
La Médecine l'a échappé belle.

MARTINE.
Puisque tu ne seras point pendu, rends-moi grace d'être Médecin ; car c'est moi qui t'ai procuré cet honneur.

SGANARELLE.
Oui ? c'est toi qui m'a procuré je ne sçais combien de coups de bâton ?

LEANDRE à *Sganarelle*.

L'effet en est trop beau, pour en garder du ressentiment.

SGANARELLE.

(à *Martine*)

Soit. Je te pardonne ces coups de bâton, en faveur de la dignité où tu m'as élevé; mais prépare-toi désormais à vivre dans un grand respect, avec un homme de ma conséquence, & songe que la colere d'un Médecin est plus à craindre qu'on ne peut croire.

FIN.

LE SICILIEN,

OU

L'AMOUR PEINTRE,

COMEDIE-BALLET.

ACTEURS.

ACTEURS DE LA COMEDIE.

DOM PEDRE, Gentilhomme Sicilien.
ADRASTE, Gentilhomme François, Amant d'Isidore.
ISIDORE, Grecque, Esclave de Dom Pedre.
ZAIDE, jeune Esclave.
UN SENATEUR.
HALI, Turc, Esclave d'Adraste.
DEUX LAQUAIS.

ACTEURS DU BALLET.

MUSICIENS.
ESCLAVE chantant.
ESCLAVES dansans.
MAURES & MAURESQUES, dansans.

La Scene est à Messine dans une Place publique.

Tome II.

L'AMOUR PEINTRE

LE SICILIEN,
OU
L'AMOUR PEINTRE,
COMÉDIE-BALLET.

SCENE PREMIERE.
HALI, MUSICIENS.
HALI aux Musiciens.

Hut. N'avancez pas davantage, & demeurez dans cet endroit, jusqu'à ce que je vous appelle.

SCENE II.
HALI seul.

IL fait noir comme dans un four. Le Ciel s'est habillé ce soir en Scaramouche, & je ne vois pas une étoile qui montre le bout de son nez. Sotte condition que celle d'un esclave, de ne vivre jamais pour soi, & d'être toujours tout entier aux passions d'un maitre, de n'être réglé que par ses humeurs, & de se voir réduit à faire ses propres affaires de tous les soucis qu'il peut prendre! Le mien me fait ici épouser ses inquiétudes; &, parce qu'il est amoureux, il faut que nuit & jour, je n'aie aucun repos. Mais voici des flambeaux, & sans doute c'est lui.

SCENE III.

ADRASTE, DEUX LAQUAIS *portant chacun un flambeau*, HALI.

ADRASTE.

Est-ce toi, Hali?

HALI.

Et qui pourroit-ce être que moi, à ces heures de nuit, Hors vous & moi, Monsieur, je ne crois pas que personne s'avise de courir maintenant les rues.

ADRASTE.

Aussi ne crois-je pas qu'on puisse voir personne qui sente dans son cœur la peine que je sens. Car, enfin, ce n'est rien d'avoir à combattre l'indifférence, ou les rigueurs d'une beauté qu'on aime, on a toujours au moins le plaisir de la plainte, & la liberté des soupirs; mais ne pouvoir trouver aucune occasion de parler à ce qu'on adore, ne pouvoir sçavoir d'une belle, si l'amour qu'inspirent ses yeux, est pour lui plaire ou lui déplaire, c'est la plus fâcheuse, à mon gré, de toutes les inquiétudes; & c'est où me réduit l'incommode jaloux qui veille, avec tant de souci, sur ma charmante Grecque, & ne fait pas un pas sans la traîner à ses côtés.

HALI.

COMÉDIE.

HALI.

Mais il est, en amour, plusieurs façons de se parler; & il me semble, à moi, que vos yeux & les siens, depuis près de deux mois, se sont dit bien des choses.

ADRASTE.

Il est vrai qu'elle & moi souvent nous nous sommes parlé des yeux; mais comment reconnoître que chacun, de notre côté, nous ayons, comme il faut, expliqué ce langage? Et que sçais-je, après tout, si elle entend bien tout ce que mes regards lui disent, & si les siens me disent ce que je crois par fois entendre?

HALI.

Il faut chercher quelque moyen de se parler d'autre maniere.

ADRASTE.

As-tu là tes Musiciens?

HALI.

Oui.

ADRASTE.
(seul.)

Fais les approcher. Je veux, jusques au jour, les faire ici chanter, & voir si leur musique n'obligera point cette Belle à paroître à quelque fenêtre.

SCENE IV.

ADRASTE, HALI, MUSICIENS.

HALI.

Les voici. Que chanteront-ils?

ADRASTE.

Ce qu'ils jugeront de meilleur.

HALI.

Il faut qu'ils chantent un Trio qu'ils me chantérent l'autre jour.

Tome IV.   G

ADRASTE.
Non. Ce n'est pas ce qu'il me faut.
HALI.
Ah, Monsieur, c'est du beau bécare !
ADRASTE.
Que diantre veux-tu dire avec ton beau bécare ?
HALI.
Monsieur, je tiens pour le bécare. Vous sçavez que je m'y connois. Le bécare me charme ; hors du bécare, point de salut en harmonie. Ecoutez un peu ce Trio.
ADRASTE.
Non. Je veux quelque chose de tendre & de passionné, quelque chose qui m'entraîne dans une douce rêverie.
HALI.
Je vois bien que vous êtes pour le bémol ; mais il y à moyen de nous contenter l'un & l'autre. Il faut qu'ils vous chantent une certaine Scene d'une petite Comédie que je leur ai vu essayer. Ce sont deux bergers amoureux, tous remplis de langueur, qui, sur bémol, viennent séparément faire leurs plaintes dans un bois, puis se découvrent, l'un à l'autre, la cruauté de leurs maîtresses ; & là-dessus vient un berger joyeux avec un bécare admirable, qui se moque de leur foiblesse.
ADRASTE.
J'y consens. Voyons ce que c'est.
HALI.
Voici, tout juste, un lieu propre à servir de Scene, & voilà deux flambeaux pour éclairer la Comédie.
ADRASTE.
Place toi contre ce logis, afin qu'au moindre bruit que l'on fera dedans, je fasse cacher les lumieres.

COMEDIE.

FRAGMENT DE COMÉDIE.

Chanté & accompagné par les Musiciens qu'Hali a amenés.

SCENE PREMIERE.

PHILENE, TIRCIS.

I. MUSICIEN *representant Philene.*

SI, du triste recit de mon inquiétude,
Je trouble le repos de votre solitude,
 Rochers, ne soyez point fâchés;
Quand vous sçaurez l'excès de mes peines secretes,
  Tout rochers que vous êtes,
  Vous en serez touchés.

II. MUSICIEN *representant Tircis.*

Les oiseaux réjouis, dès que le jour s'avance,
Recommencent leurs chants dans ces vastes forêts;
  Et moi, j'y recommence
Mais soupirs languissans, & mes tristes regrets.
  Ah! Mon cher Philene.

PHILENE.

  Ah! Mon cher Tircis.

TIRCIS.

  Que je sens de peine!

PHILENE.

  Que j'ai de soucis!

TIRCIS.

Toujours sourde à mes vœux est l'ingrate Climéne.

PHILENE.

Cloris n'a point, pour moi, de regards adoucis.

LE SICILIEN,
TOUS DEUX ENSEMBLE.

O loi trop inhumaine !
Amour, si tu ne peux les contraindre d'aimer,
Pourquoi leur laisses-tu le pouvoir de charmer ?

SCENE II.

PHILENE, TIRCIS, UN PASTRE.

III. MUSICIEN representant un Pâtre.

Pauvres amans, quelle erreur
D'adorer des inhumaines !
Jamais les ames bien saines
Ne se payent de rigueur ;
Et les faveurs sont les chaînes
Qui doivent lier un cœur.

On voit cent Belles ici,
Auprès de qui je m'empresse ;
A leur vouer ma tendresse,
Je mets mon plus doux souci :
Mais, lorsque l'on est tigresse,
Ma foi je suis tigre aussi.

PHILENE ET TIRCIS ENSEMBLE.

Heureux, hélas ! qui peut aimer ainsi.

HALI.
Monsieur je viens d'ouir quelque bruit au-dedans.
ADRASTE.
Qu'on se retire vîte, & qu'on éteigne les flambeaux

SCENE III.

D. PEDRE, ADRASTE, HALI.

D. PEDRE *sortant de sa maison en bonnet de nuit, & en robe de chambre, avec une épée sous son bras.*

IL y a quelque tems que j'entends chanter à ma porte ; &, sans doute, cela ne se fait pas pour rien. Il faut que, dans l'obscurité, je tâche à découvrir quelles gens se peuvent être.

ADRASTE.
Hali.

HALI.
Quoi ?

ADRASTE.
N'entends-tu plus rien ?

HALI.
Non.

(*D. Pedre est derrierre eux qui les écoute.*)

ADRASTE.
Quoi ! Tous nos efforts ne pourront obtenir que je parle un moment à cette aimable Grecque, & ce jaloux maudit, ce traître de Sicilien me fermera toujours tout accès auprès d'elle !

HALI.
Je voudrois, de bon cœur, que le diable l'eût emporté, pour la fatigue qu'il nous donne, le fâcheux, le bourreau qu'il est. Ah ! Si nous le tenions ici, que je prendrois de joie à venger, sur son dos, tous les pas inutiles que sa jalousie nous fait faire !

ADRASTE.
Si faut-il bien, pourtant trouver quelque moyen, quelque invention, quelque ruse, pour attraper notre brutal. J'y suis trop engagé, pour en avoir le démenti, &, quand j'y devrois employer....

LE SICILIEN,

HALI.

Monsieur, je ne sçais pas ce que cela veut dire, mais la porte est ouverte; &, si vous le voulez, j'entrerai doucement, pour découvrir d'où cela vient.

(*D. Pedre se retire sur sa porte.*)

ADRASTE.

Oui, fais; mais sans faire de bruit. Je ne m'éloigne pas de toi. Plût au Ciel, que ce fût la charmante Isidore!

D. PEDRE *donnant un soufflet à Hali.*
Qui va là?

HALI *rendant le soufflet à D. Pedre.*
Ami.

D. PEDRE.

Holà, Francisque, Dominique, Simon, Martin, Pierre, Thomas, Georges, Charles, Barthelemi. Allons, promptement, mon épée, ma rondache, ma hallebarde, mes pistolets mes mousquetons, mes fusils. Vîte dépêchez. Allons, tue, point de quartier.

SCENE IV.

ADRASTE, HALI.

ADRASTE.

Je n'entends remuer personne. Hali, Hali.

HALI *caché dans un coin.*
Monsieur.

ADRASTE.
Où donc te caches-tu?

HALI.
Ces gens sont-ils sortis?

COMEDIE. 151
ADRASTE.
Non. Perfonne ne bouge.
HALI, *fortant d'où il étoit caché.*
S'ils viennent, ils feront frottés.
ADRASTE.
Quoi ! Tous nos foins feront donc inutiles ! Et toujours ce fâcheux jaloux fe moquera de nos deffeins !
HALI.
Non. Le couroux du point d'honneur me prend, il ne fera pas dit qu'on triomphe de mon adreffe ; ma qualité de fourbe s'indigne de tous ces obftacles, & je prétends faire éclater les talens que j'ai eus du Ciel.
ADRASTE.
Je voudrois feulement, que, par quelque moyen, par un billet, par quelque bouche, elle fût avertie des fentimens qu'on a pour elle, & fçavoir les fiens là-deffus. Après, on peut trouver facilement les moyens...
HALI.
Laiffez-moi faire feulement. J'en effayerai tant de toutes les manieres, que quelque chofe enfin nous pourra réuffir. Allons, le jour paroît je vais chercher mes gens, & venir attendre, en ce lieu, que notre jaloux forte.

SCENE V.
D. PEDRE, ISIDORE.
ISIDORE.

JE ne fçais pas quel plaifir vous prenez à me réveiller fi matin. Cela s'ajufte affez mal, ce me femble, au deffein que vous avez pris de me faire peindre aujourd'hui ; & ce n'eft guére pour avoir le teint frais, & les yeux brillans, que fe lever ainfi dès la pointe du jour.

G 4

LE SICILIEN,

D. PEDRE.

J'ai une affaire qui m'oblige à fortir à l'heure qu'il eſt.

ISIDORE.

Mais l'affaire que vous avez, eût bien pû ſe paſſer, je crois, de ma preſence; & vous pouviez ſans vous incommoder me laiſſer goûter les douceurs du ſommeil du matin.

D. PEDRE.

Oui. Mais je ſuis bien aiſe de vous voir toujours avec moi. Il n'eſt pas mal de s'aſſurer un peu contre les ſoins des ſurveillans; & cette nuit encore, on eſt venu chanter ſous nos fenêtres.

ISIDORE.

Il eſt vrai. La muſique en étoit admirable.

D. PEDRE.

C'étoit pour vous que cela ſe faiſoit ?

ISIDORE.

Je le veux croire ainſi, puiſque vous me le dites.

D. PEDRE.

Vous ſçavez qui étoit celui qui donnoit cette ſérénade ?

ISIDORE.

Non pas; mais, qui que ce puiſſe être, je lui ſuis obligée.

D. PEDRE.

Obligée ?

ISIDORE.

Sans doute, puiſqu'il cherche à me divertir.

D. PEDRE.

Vous trouvez donc bon qu'on vous aime ?

ISIDORE.

Fort bon. Cela n'eſt jamais qu'obligeant.

D. PEDRE.

Et vous voulez du bien à tous ceux qui prennent ce ſoin ?

ISIDORE.

Aſſurément.

COMEDIE.

D. PEDRE.
C'est dire fort net ses pensées.

ISIDORE.
A quoi bon de dissiler ? Quelque mine qu'on fasse, on est toujours bien aise d'être aimée. Ces hommages à nos appas ne sont jamais pour nous déplaire. Quoi qu'on en puisse dire, la grande ambition des femmes est, croyez-moi, d'inspirer de l'amour. Tous les soins qu'elles prennent ne sont que pour cela, & l'on n'en voit point de si fiere, qui ne s'applaudisse en son cœur, des conquêtes que font ses yeux.

D. PEDRE.
Mais, si vous prenez, vous, du plaisir à vous voir aimée, sçavez-vous bien, moi, qui vous aime, que je n'y en prends nullement ?

ISIDORE.
Je ne sçais pas pourquoi cela ; &, si j'aimois quelqu'un, je n'aurois point de plus grand plaisir, que de le voir aimé de tout le monde. Y a-t-il rien, qui marque davantage la beauté du choix que l'on fait ? Et n'est-ce pas pour s'applaudir, que ce que nous aimons soit trouvé fort aimable ?

D. PEDRE.
Chacun aime à sa guise, & ce n'est pas-là ma méthode. Je serai fort ravi qu'on ne vous trouve point si belle, & vous m'obligerez de n'affecter point tant de le paroître à d'autres yeux.

ISIDORE.
Quoi, jaloux des ces choses-là ?

D. PEDRE.
Oui, Jaloux de ces choses-là ; mais jaloux comme un tigre, & si vous voulez, comme un diable. Mon amour vous veut toute à moi. Sa délicatesse s'offense d'un souris, d'un regard qu'on vous peut arracher & tous les soins qu'on me voit prendre, ne sont que pour fermer tout accès aux galans, & m'assurer la possession d'un cœur, dont je ne puis souffrir qu'on me vole la moindre chose.

ISIDORE.

Certes, voulez-vous que je dife? Vous prenez un mauvais parti, & la poffeffion d'un cœur eft fort mal affurée, lorfqu'on prétend le retenir par force. Pour moi, je vous l'avoue, fi j'étois galant d'une femme qui fût au pouvoir de quelqu'un, je mettrois toute mon étude à rendre ce quelqu'un jaloux, & l'obligerois à veiller nuit & jour celle que je voudrois gagner. C'eft un admirable moyen d'avancer fes affaires; & l'on ne tarde guère à profiter du chagrin, & de la colere que donne à l'efprit d'une femme la contrainte & la fervitude.

D. PEDRE.

Si bien donc que, fi quelqu'un vous en contoit, il vous trouveroit difpofée à recevoir fes vœux?

ISIDORE.

Je ne vous dis rien là-deffus. Mais les femmes enfin n'aiment pas qu'on les gêne; & c'eft beaucoup rifquer que de leur montrer des foupçons, & de les tenir renfermées.

D. PEDRE.

Vous reconnoiffez peu ce que vous me devez; & il me femble qu'une efclave que l'on a affranchie, & dont on veut faire fa femme...

ISIDORE.

Quelle obligation vous ai-je, fi vous changez mon efclavage en un autre beaucoup plus rude, fi vous ne me laiffez jouir d'aucune liberté, & me fatiguez, comme on voit d'une garde continuelle?

D. PEDRE.

Mais tout cela ne part que d'un excès d'amour.

ISIDORE.

Si c'eft votre façon d'aimer, je vous prie de me haïr.

D. PEDRE.

Vous êtes aujourd'hui dans une humeur défobligeante; & je pardonne ces paroles au chagrin où vous pouvez être, de vous être levée matin.

COMEDIE.

SCENE VI.

D. PEDRE, ISIDORE, HALI *habillé en Turc, faisant plusieurs révérences à D. Pedre.*

D. PEDRE.

Tréve aux cérémonies, que voulez-vous?

HALI *se mettant entre D. Pedre & Isidore.*

(*Il se tourne devers Isidore, à chaque parole qu'il dit à D. Pedre; & lui fait des signes pour lui faire connoître le dessein de son maître.*)

Signor (avec la permission de la Signore) je vous dirai (avec la permission de la Signore) que je viens vous trouver (avec la permission de la Signore) pour vous prier (avec la permission de la Signore) de vouloir bien (avec la permission de la Signore...)

D. PEDRE.

Avec la permission de la Signore, passez un peu de ce côté.

(*D. Pedre se met entre Hali & Isidore.*)

HALI.

Signor, je suis un virtuose.

D. PEDRE.

Je n'ai rien à donner.

HALI.

Ce n'est pas ce que je demande. Mais, comme je me mêle un peu de musique & de danse, j'ai instruit quelques esclaves qui voudroient bien trouver un maître qui se plût à ces choses; &, comme je sçais que vous êtes une personne considérable, je voudrois vous prier de les voir & de les entendre, pour les acheter, s'ils vous plaisent, ou pour leur enseigner quelqu'un de vos amis qui voulut s'en accommoder.

ISIDORE.

C'est une chose à voir, & cela nous divertira. Faites-les nous venir.

LE SICILIEN,

HALI.

Chala bala... Voici une chanson nouvelle, qui est du tems. Ecoutez bien. Chala bala.

SCENE VII.

D. PEDRE, ISIDORE, HALI, ESCLAVES TURCS.

UN ESCLAVE *chantant, à Isidore.*

D'Un cœur ardent, en tous lieux,
Un amant suit une belle ;
Mais d'un jaloux odieux,
La vigilance éternelle
Fait qu'il ne peut, que des yeux,
S'entretenir avec elle.
Est-il peine plus cruelle
Pour un cœur bien amoureux ?
   (*à Dom Pedre.*)
Chiribirida ouch alla,
 Star bon Turca,
Non aver danara.
Ti voler comprara,
 Mir servir à ti,
 Se pagar per mi,
Far bona coucina,
Mi levar matina,
Far boller caldara,
Parlara, parlara,
Ti voler comprara.

PREMIERE ENTRÉE DE BALLET.
 (*Danse des Esclaves.*)
L'ESCLAVE *à Isidore.*
C'est un supplice, à tous coups,
Sous qui cet amant expire ;

COMEDIE.

Mais, si d'un œil un peu doux,
La belle voit son martyre,
Et consent qu'aux yeux de tous,
Pour ses attraits il soupire,
Il pourroit bientôt se rire
De tous les soins du jaloux.
(à D. Pedre.)
Chiribirida ouch alla,
　Star bon Turca,
　Non aver danara
　Ti voler comprara,
　Mir servir à ti,
　Se pagar per mi,
　Far bona coucina,
　Mi levar matina,
　Far boller caldara,
　Parlara, parlara,
　Ti voler comprara.

II. ENTRÉE DE BALLET.

(*Les Esclaves recommencent leurs danses.*)

D. PEDRE *chante.*

Sçavez-vous, mes drôles,
Que cette chanson
Sent, pour vos épaules,
Les coups de bâton ?
Chiribirida ouch alla,
　Mi ti non comprara,
　Ma ti bastonara,
　Si, si non andara,
　Andara, andara,
　O ti bastonara.
(à Isidore.)
Oh, oh, quels égrillards ! Allons, rentrons ici, j'ai changé de pensée; & puis, le tems se couvre un peu.

LE SICILIEN,

(*à Hali qui paroît encore.*)

Ah ! fourbe, que je vous y trouve.

HALI.

Hé bien, oui, mon maître l'adore. Il n'a point de plus grand désir que de lui montrer son amour ; & si elle y consent, il la prendra pour femme.

D. PEDRE.

Oui, oui, je la lui garde.

HALI.

Nous l'aurons, malgré vous.

D. PEDRE.

Comment, coquin ?....

HALI.

Nous l'aurons, dis-je, en dépit de vos dents.

D. PEDRE.

Si je prends....

HALI.

Vous avez beau faire la garde, j'en ai juré, elle sera à nous.

D. PEDRE.

Laisse-moi faire, je t'attraperai sans courir.

HALI.

C'est nous qui vous attraperons ; elle sera notre femme, la chose est résolue.

(*seul.*)

Il faut que j'y périsse, ou que j'en vienne à bout.

SCENE X.

ADRASTE, HALI, DEUX LAQUAIS

ADRASTE.

HÉ bien, Hali, nos affaires s'avancent-elles ?

HALI.

Monsieur, j'ai déjà fait quelque petite tentative, mais je....

COMEDIE.

ADRASTE.

Ne te mets point en peine, j'ai trouvé, par hasard, tout ce que je voulois; & je vais jouir du bonheur de voir chez elle cette belle. Je me suis rencontré chez le peintre Damon, qui m'a dit qu'aujourd'hui, il venoit faire le portrait de cette adorable personne; & comme il est, depuis long-tems, de mes plus intimes amis, il a voulu servir mes feux, & m'envoie à sa place, avec un petit mot de lettre pour me faire accepter. Tu sçais que de tous tems, je me suis plu à la peinture, & que, par fois, je manie le pinceau, contre la coutume de France, qui ne veut pas qu'un gentilhomme sçache rien faire; ainsi, j'aurai la liberté de voir cette belle à mon aise. Mais je ne doute pas que mon jaloux fâcheux ne soit toujours present, & n'empêche tous les propos que nous pourrions avoir ensemble; &, pour te dire vrai, j'ai, par le moyen d'une jeune esclave, un stratagême prêt pour tirer cette belle Grecque des mains de son jaloux, si je puis obtenir d'elle qu'elle y consente.

HALI.

Laissez-moi faire, je veux vous faire un peu de jour à la pouvoir entretenir. Il ne sera pas dit que je ne serve de rien dans cette affaire-là. Quand allez-vous?

ADRASTE.

Tout de ce pas, & j'ai déjà préparé toutes choses.

HALI.

Je vais de mon côté me préparer aussi.

ADRASTE *seul*.

Je ne veux point perdre de tems. Holà. Il me tarde que je ne goûte le plaisir de la voir.

SCENE IX.

D. PEDRE, ADRASTE, DEUX LAQUAIS.

D. PEDRE.
Que cherchez-vous, Cavalier dans cette maison?

ADRASTE.
J'y cherche le Seigneur Dom Pédre.

D. PEDRE.
Vous l'avez devant vous.

ADRASTE.
Il prendra, s'il lui plaît, la peine de lire cette lettre.

D. PEDRE.
Je vous envoie, au lieu de moi, pour le portrait que vous sçavez, ce gentilhomme François, qui, comme curieux d'obliger les honnêtes-gens, a bien voulu prendre ce soin, sur la proposition que je lui en ai faite. Il est, sans contredit, le premier homme du monde pour ces sortes d'ouvrages; & j'ai cru que je ne vous pouvois rendre un service plus agréable, que de vous l'envoyer, dans le dessein que vous avez d'avoir un portrait achevé de la personne que vous aimez. Gardez-vous bien, sur-tout, de lui parler d'aucune récompense; car c'est un homme qui s'en offenseroit, & qui ne fait les choses que pour la gloire & pour la réputation.

Seigneur François, c'est une grande grace que vous me voulez faire, & dont je vous suis fort obligé.

ADRASTE.
Toute mon ambition est de rendre service aux gens de nom & de mérite.

D. PEDRE.
Je vais faire venir la personne dont il s'agit.

SCENE X.

ISIDORE, D. PEDRE, ADRASTE
DEUX LAQUAIS.

D. PEDRE *à Isidore.*

Voici un Gentilhomme que Damon nous envoie, qui se veut bien donner la peine de vous peindre. *(à Adraste qui embrasse Isidore en la saluant.)* Hola, Seigneur François, cette façon de saluer n'est point d'usage en ce pays.

ADRASTE.

C'est la maniere de France.

D. PEDDRE.

La maniere de France est bonne pour vos femmes; mais, pour les nôtres, elle est un peu trop familiere.

ISIDORE.

Je reçois cet honneur avec beaucoup de joie. L'aventure me surprend fort; & pour dire le vrai, je ne m'attendois pas d'avoir un Peintre si illustre.

ADRASTE.

Il n'y a personne, sans doute, qui ne tînt à beaucoup de gloire de toucher à un tel ouvrage. Je n'ai pas grande habileté, mais le sujet, ici, ne fournit que trop de lui-même, & il y a moyen de faire quelque chose de beau sur un original fait comme celui-là.

ISIDORE.

L'original est peu de chose ; mais l'adresse du Peintre en sçaura couvrir les défauts.

ADRASTE.

Le Peintre n'y en voit aucun ; & tout ce qu'il souhaite, c'est d'en pouvoir représenter les graces aux yeux de tout le monde, aussi grandes qu'il les peut voir.

LE SICILIEN,

ISIDORE.

Si votre pinceau flatte autant que votre langue, vous allez faire un portrait qui ne me reſſemblera pas.

ADRASTE.

Le Ciel, qui fit l'original, nous ôte le moyen d'en faire un portrait qui puiſſe flatter.

ISIDORE.

Le Ciel, quoique vous diſiez, ne....

D. PEDRE.

Finiſſons cela de grace. Laiſſons les complimens, & ſongeons au portrait.

ADRASTE *aux laquais.*

Allons, apportez tout.

(*On apporte tout ce qu'il faut pour peindre Iſidore.*)

ISIDORE

Où voulez-vous que je me place ?

ADRASTE.

Ici. Voici le lieu le plus avantageux, & qui reçoit le mieux les vues favorables de la lumiere que nous cherchons.

ISIDORE *après s'être aſſiſe.*

Suis-je bien ainſi ?

ADRASTE.

Oui. Levez-vous un peu, s'il vous plaît. Un peu plus de ce côté-là. Le corps tourné ainſi. La tête un peu levée, afin que la beauté du col paroiſſe. Ceci un peu plus découvert. (*Il découvre un peu plus ſa gorge.*) Bon là. Un peu davantage, encore tant ſoit peu.

D. PEDRE *à Iſidore.*

Il y a bien de la peine à vous mettre, ne ſçauriez-vous vous tenir comme il faut ?

ISIDORE.

Ce ſont ici des choſes toutes neuves pour moi, & c'eſt à Monſieur à me mettre de la façon qu'il veut.

ADRASTE *aſſis.*

Voilà qui va le mieux du monde, & vous vous tenez à merveille. (*La faiſant tourner un peu devers lui.*)

COMÉDIE, 163

Comme cela, s'il vous plaît. Le tout dépend des attitudes qu'on donne aux personnes qu'on peint.

D. PEDRE.
Fort bien.

ADRASTE.
Un peu plus de ce côté. Vos yeux toujours tournés vers moi, je vous en prie; vos regards attachés aux miens.

ISIDORE.
Je ne suis pas comme ces femmes, qui veulent, en se faisant peindre, des portraits qui ne sont point elles, & ne sont point satisfaites du Peintre, s'il ne les fait toujours plus belles qu'elles ne sont. Il faudroit, pour les contenter, ne faire qu'un portrait pour toutes; car toutes demandent les mêmes choses, un teint tout de lys & de roses, un nez bien fait, une petite bouche, & de grands yeux vifs, bien fendus, & sur-tout, le visage pas plus gros que le poing, l'eussent-elles d'un pied de large. Pour moi, je vous demande un portrait qui soit moi, & qui n'oblige point à demander qui c'est.

ADRASTE.
Il seroit malaisé qu'on demandât cela du vôtre; & vous avez des traits à qui fort peu d'autres ressemblent. Qu'ils ont de douceurs & de charmes & qu'on court risque à les peindre!

D. PEDRE.
Le nez me semble un peu gros.

ADRASTE.
J'ai lu, je ne sçais où, qu'Appelle peignit autrefois une maîtresse d'Alexandre d'une merveilleuse beauté, & qu'il en devint, la peignant, si éperduement amoureux, qu'il fut près d'en perdre la vie; de sorte qu'Alexandre, par générosité, lui céda l'objet
(à D. Pedre.)
de ses vœux. Je pourrois faire ici ce qu'Appelle fit autrefois; mais vous ne feriez pas peut-être, ce que fit Alexandre.

(*Dom Pedre fait la grimace.*)
ISIDORE *à D. Pedre.*

Tout cela fent la nation; & toujours Meſſieurs les François ont un fonds de galanterie qui ſe répand par-tout.

ADRASTE.

On ne ſe trompe guére à ces ſortes de choſes, & vous avez l'eſprit trop éclairé, pour ne pas voir de quelle ſource partent les choſes qu'on vous dit. Oui, quand Alexandre ſeroit ici, & que ce ſeroit votre Amant, je ne pourrois m'empêcher de vous dire, que je n'ai rien vu de ſi beau que ce que je vois maintenant, & que....

D. PEDRE.

Seigneur François, vous ne devriez pas, ce me ſemble, tant parler, cela vous détourne de votre ouvrage.

ADRASTE.

Ah, point du tout. J'ai toujours coutume de parler quand je peins, & il eſt beſoin dans ces choſes d'un peu de converſation pour réveiller l'eſprit, & tenir les viſages dans la gaieté néceſſaire aux perſonnes que l'on veut peindre.

SCENE XI.

HALI *vêtu en Eſpagnol*, D. PEDRE, ADRASTE, ISIDORE.

D. PEDRE.

Que veut cet homme-là? Et qui laiſſe monter les gens, ſans nous en venir avertir?

HALI *à D. Pedre.*

J'entre ici librement ; mais, entre Cavaliers, telle liberté eſt permiſe. Seigneur, ſuis-je connu de vous?

COMEDIE.

D. PEDRE.

Non, Seigneur.

HALI.

Je suis Dom Gilles d'Avalos; & l'histoire d'Espagne vous doit avoir instruit de mon mérite.

D. PEDRE.

Souhaitez-vous quelque chose de moi?

HALI.

Oui, un conseil sur un fait d'honneur. Je sçais qu'en ces matieres il est mal-aisé de trouver un Cavalier plus consommé que vous ; mais je vous demande, pour grace, que nous nous tirions à l'écart.

D. PEDRE.

Nous voilà assez loin.

ADRASTE *à D. Pédre qui le surprend parlant bas à Isidore.*

J'observois de près la couleur de ses yeux.

HALI *tirant D. Pedre pour l'éloigner d'Adraste & d'Isidore.*

Seigneur, j'ai reçu un soufflet. Vous sçavez ce qu'est un soufflet, lorsqu'il se donne à main ouverte, sur le beau milieu de la joue. J'ai ce soufflet fort sur le cœur ; & je suis dans l'incertitude, si, pour me venger de l'affront, je dois me battre avec mon homme, ou bien le faire assassiner.

D. PEDRE.

Assassiner, c'est le plus sûr & le plus court chemin. Quel est votre ennemi?

HALI.

Parlons bas, s'il vous plaît.

(*Hali tient Dom Pedre, en lui parlant, de façon qu'il ne peut voir Adraste.*)

ADRASTE *aux genoux d'Isidore, pendant que Dom Pedre & Hali parlent bas ensemble.*

Oui, charmante Isidore, mes regards vous le disent depuis plus de deux mois ; & vous les avez entendus. Je vous aime plus que tout ce que l'on peut aimer, & je n'ai point d'autre pensée, & d'autre but,

d'autre passion, que d'être à vous toute ma vie.
ISIDORE.
Je ne sçais si vous dites vrai ; mais vous persuadez.
ADRASTE.
Mais, vous persuadai-je jusqu'à vous inspirer quelque peu de bonté pour moi ?
ISIDORE.
Je ne crains que d'en trop avoir.
ADRASTE.
En aurez-vous assez pour consentir, belle Isidore, au dessein que je vous ai dit ?
ISIDORE.
Je ne puis encore vous le dire.
ADRASTE.
Qu'attendez-vous pour cela ?
ISIDORE.
A me résoudre.
ADRASTE.
Ah, quand on aime bien, on se résout bientôt.
ISIDORE.
Hé bien, allez, oui, j'y consens.
ADRASTE.
Mais consentez-vous, dites-moi, que ce soit dès ce moment même ?
ISIDORE.
Lorsqu'on est une fois résolu sur la chose, s'arrête-t-on sur le tems ?
D. PEDRE à Hali.
Voilà mon sentiment, & je vous baise les mains.
HALI.
Seigneur, quand vous aurez reçu quelque soufflet, je suis homme aussi de conseil ; & je pourrai vous rendre la pareille.
D. PEDRE.
Je vous laisse aller, sans vous reconduire ; mais, entre Cavaliers, cette liberté est permise.
ADRASTE à Isidore.
Non, il n'est rien qui puisse effacer de mon cœur les tendres témoignages....

COMEDIE. 167

(*à D. Pedre appercevant Adraste, qui parle de près à Isidore.*

Je regardois ce petit trou qu'elle a au côté du menton ; & je croyois d'abord, que ce fût une tache. Mais c'est assez pour aujourd'hui, nous finirons une
(*Dom Pedre qui veut avoir le portrait.*)
autrefois. Non, ne regardez rien encore ; faites ser-
(*à Isidore.*
rer cela, je vous prie ; & vous, je vous conjure de ne vous relâcher point, & de garder un esprit gai, pour le dessein que j'ai d'achever notre ouvrage.

ISIDORE.
Je conserverai pour cela toute la gaieté qu'il faut.

SCENE XII.
D. PEDRE, ISIDORE.

ISIDORE.

Qu'en dites-vous ? Ce gentilhomme me paroît le plus civil du monde ; & l'on doit demeurer d'accord que les François ont quelque chose en eux, de poli, de galant, que n'ont point les autres nations.

D. PEDRE.
Oui ; mais ils ont cela de mauvais, qu'ils s'émancipent un peu trop, & s'attachent en étourdis, à conter des fleurettes à toutes celles qu'ils rencontrent.

ISIDORE.
C'est qu'ils sçavent qu'on plaît aux Dames par ces choses.

D. PEDRE.
Oui ; mais s'ils plaisent aux Dames, ils déplaisent fort aux Messieurs ; & l'on n'est point bien-aise de voir, sous sa moustache, cajoler hardiment sa femme, ou sa maîtresse.

ISIDORE.
Ce qu'ils en font n'est que par jeu.

SCENE XIII.

ZAIDE, DOM PEDRE, ISIDORE.

ZAIDE.

AH! Seigneur Cavalier, sauvez-moi, s'il vous plaît, des mains d'un mari furieux, dont je suis poursuivie. Sa jalousie est incroyable; & passe, dans ses mouvemens tout ce qu'on peut imaginer. Il va jusqu'à vouloir que je sois toujours voilée; &, pour m'avoir trouvée le visage un peu découvert, il a mis l'épée à la main, & m'a réduite à me jetter chez vous, pour vous demander votre appui contre son injustice. Mais je le vois paroître. De grace, Seigneur Cavalier, sauvez-moi, de sa fureur.

D. PEDRE *à Zaïde lui montrant Isidore.*
Entrez là-dedans, avec elle, & n'appréhendez rien.

SCENE XIV.

ADRASTE, D. PEDRE.

D. PEDRE.

HÉ quoi, Seigneur, c'est vous? Tant de jalousie pour un François! Je pensois qu'il n'y eut que nous qui en fussions capables.

ADRASTE.

Les François excellent toujours dans toutes les choses qu'ils font; &, quand nous nous mêlons d'être jaloux, nous le sommes vingt fois plus qu'un Sicilien. L'infame croit avoir trouvé chez vous un assuré refuge; mais vous êtes trop raisonnable, pour blâmer mon ressentiment. Laissez-moi, je vous prie, la traiter comme elle le mérite.

D. PEDRE.

COMÉDIE.

D. PEDRE.
Ah ! De grace, arrêtez. L'offense est trop petite, pour un courroux si grand.

ADRASTE.
La grandeur d'une telle offense n'est pas dans l'importance des choses que l'on fait. Elle est à transgresser les ordres qu'on nous donne ; &, sur de pareilles matieres, ce qui n'est qu'une bagatelle, devient fort criminel, lorsqu'il est défendu.

D. PEDRE.
De la façon qu'elle a parlé, tout ce qu'elle en a fait a été sans dessein ; & je vous prie enfin de vous remettre bien ensemble.

ADRASTE.
Hé quoi ! Vous prenez son parti, vous qui êtes si délicat sur ces sortes de choses ?

D. PEDRE.
Oui, je prends son parti ; si vous voulez m'obliger, vous oublierez votre colere, & vous vous réconcilierez tous deux. C'est une grace que je vous demande ; & je la recevrai comme un essai de l'amitié que je veux qui soit entre nous.

ADRASTE.
Il ne m'est pas permis, à ces conditions, de vous rien refuser : Je ferai ce que vous voudrez.

SCENE XVI.

ZAIDE, DOM PEDRE, ADRASTE
dans un coin du Théatre.

D. PEDRE *à Zaïde.*

Holà venez. Vous n'avez qu'à me suivre, & j'ai fait votre paix. Vous ne pouviez jamais mieux tomber que chez moi.

Tome IV. H

LE SICILIEN,

ZAIDE.

Je vous suis obligée plus qu'on ne sçauroit croire, mais je m'en vais prendre mon voile ; je n'ai garde, sans lui, de paroître à ses yeux.

SCENE XVII.

D. PEDRE, ADRASTE.

D. PEDRE.

LA voici qui s'en va venir ; & son ame, je vous assure, a paru toute réjouie, lorsque je lui ai dit que j'avois racommodé tout.

SCENE XVIII.

ISIDORE *sous le voile de Zaïde*, ADRASTE, D. PEDRE.

D. PEDRE *à Adraste*.

PUisque vous m'avez bien voulu abandonner votre ressentiment, trouvez bon, qu'en ce lieu, je vous fasse toucher dans la main l'un de l'autre ; & que, tous deux, je vous conjure de vivre, pour l'amour de moi, dans une parfaite union.

ADRASTE.

Oui, je vous promets, que, pour l'amour de vous, je m'en vais, avec elle, vivre le mieux du monde.

D. PEDRE.

Vous m'obligez sensiblement, & j'en garderai la mémoire.

COMEDIE.

ADRASTE.

Je vous donne ma parole, Seigneur Dom Pedre, qu'à votre confidération, je m'en vais la traiter du mieux qu'il me fera poffible.

D. PEDRE.

C'eft trop de grace que vous me faites. (*feul.*) Il eft bon de pacifier & d'adoucir toujours les chofes. Holà, Ifidore, venez.

SCENE XIX.

ZAIDE, D. PEDRE.

D. PEDRE.

Comment ! Que veut dire cela ?

ZAIDE *fans voile*.

Ce que cela veut dire ? Qu'un jaloux eft un monftre haï de tout le monde, & qu'il n'y a perfonne qui ne foit ravi de lui nuire, n'y eût-il point d'autre intérêt, que toutes les ferrures & les verroux du monde ne retiennent point les perfonnes, & que c'eft le cœur qu'il faut arrêter par la douceur & par la complaifance ; qu'Ifidore eft entre les mains du Cavalier qu'elle aime, & que vous êtes pris pour dupe.

D. PEDRE *feul*.

Dom Pedre fouffrira cette injure mortelle ? Non, non, j'ai trop de cœur, & je vais demander l'appui de la juftice, pour pouffer le perfide à bout. C'eft ici le logis d'un Sénateur. Holà.

SCENE XX.
UN SÉNATEUR, D. PEDRE.
LE SÉNATEUR.

Serviteur, Seigneur Dom Pedre. Que vous venez à propos !

D. PEDRE.
Je viens me plaindre à vous d'un affront qu'on m'a fait.

LE SÉNATEUR.
J'ai fait une mascarade la plus belle du monde.

D. PEDRE.
Un traître de François m'a joué une Piece.

LE SÉNATEUR.
Vous n'avez, dans votre vie, jamais rien vu de si beau.

D. PEDRE.
Il m'a enlevé une fille que j'avais affranchie.

LE SÉNATEUR.
Ce sont gens vêtus en Maures, qui dansent admirablement.

D. PEDRE.
Vous voyez si c'est une injure qui doive se souffrir.

LE SÉNATEUR.
Des habits merveilleux & qui sont faits exprès.

D. PEDRE.
Je demande l'appui de la justice contre cette action.

LE SÉNATEUR.
Je veux que vous voyez cela. On la va répéter pour en donner le divertissement au peuple.

COMÉDIE.

D. PEDRE.
Comment ! De quoi parlez-vous là ?
LE SÉNATEUR.
Je parle de ma mascarade.
D. PEDRE.
Je vous parle de mon affaire.
LE SÉNATEUR.
Je ne veux point, aujourd'hui, d'autres affaires que de plaisir. Allons, Messieurs, venez. Voyons si cela ira bien.
D. PEDRE.
La peste soit du fou avec sa mascarade !
LE SÉNATEUR.
Diantre soit le fâcheux, avec son affaire !

SCENE DERNIERE.

UN SÉNATEUR, TROUPE DE DANSEURS.

ENTRÉE DE BALLET.

(*Plusieurs Danseurs, vêtus en Maures, dansent devant le Sénateur, & finissent la Comédie.*)

FIN.

NOMS DES PERSONNES

Qui ont récité, dansé & chanté dans le Sicilien, Comédie-Ballet.

Dom Pedre, *le Sieur Moliere*. Adraste, *le Sieur de la Grange*. Isidore, *Mademoiselle de Brie*. Zaïde, *Mademoiselle Moliere*. Hali, *le Sieur de la Thorilliere*. Un Sénateur, *le Sieur du Croisy*.

Muſiciens chantans, *les Sieurs Blondel, Gaye, Noblet.* Eſclave Turc chantant, *le Sieur Gaye.* Eſclaves Turcs danſans, *les Sieurs le Prêtre, Chicanneau, Mayeu, Peſan.* Maures de qualité, LE ROI, *Monſieur le Grand, les Marquis de Villeroi & de Raſſan.* Maureſques de qualité, MADAME, *Mademoiſelle de la Valiere, Madame de Rochefort, Mademoiſelle de Brancas.* Maures nuds, *Meſſieurs Cocquet, de Souville, les Sieurs Beauchamp, Noblet, Chicanneau, la Pierre, Favier, & des Airs galants.* Maures à Capot, *les Sieurs la Mare, du Feu, Arnald, Vagnard, Bonard.*

LE
TARTUFFE,
COMÉDIE.

PRÉFACE.

Voici une Comédie dont on a fait beaucoup de bruit, qui a été long-tems persécutée; & les gens qu'elle joue, ont bien fait voir qu'ils étoient plus puissans en France, que tous ceux que j'ai joués jusqu'ici. Les Marquis, les Précieuses, les Cocus, & les Médecins ont souffert doucement qu'on les ait representés; & ils ont fait semblant de se divertir, avec tout le monde, des peintures que l'on a faites d'eux; mais les hypocrites n'ont point entendu raillerie, ils se sont effarouchés d'abord, & ont trouvé étrange, que j'eusse la hardiesse de jouer leurs grimaces, & de vouloir décrier un métier, dont tant d'honnêtes-gens se mêlent. C'est un crime qu'ils ne sçauroient me pardonner; & ils se sont tous armés contre ma Comédie avec une fureur épouvantable. Ils n'ont eu garde de l'attaquer par le côté qui les a blessés; ils sont trop politiques pour cela, & sçavent trop bien vivre pour découvrir le fond de leur ame. Suivant leur louable coutume, ils ont couvert leurs intérêts de la cause de Dieu; & le Tartuffe, dans leur bouche, est une Piece qui offense la piété. Elle est d'un bout à l'autre pleine d'abominations, & l'on n'y trouve rien qui ne mérite le feu. Toutes les syllabes en sont impies, les gestes même y sont criminels; & le moindre coup d'œil, le moindre branlement de tête, le moindre pas à droite ou à gauche, y cachent des mysteres, qu'il trouve moyen d'expliquer à mon désavantage. J'ai eu beau la soumettre aux lumieres de mes amis, & à la censure de tout le monde. Les corrections que j'ai pu faire, le jugement du Roi & de la Reine, qui l'ont vue, l'approbation des grands Princes, & de Messieurs les Ministres qui l'ont honorée publiquement de leur présence, le témoignage des gens de bien qui l'ont trouvée profitable, tout cela n'a de rien servi. Ils n'en veulent point démordre : &, tous les jours encore, ils font crier en public des zélés indiscrets, qui me disent des injures pieusement, & me damnent par charité.

Je me soucierois fort peu de tout ce qu'ils peuvent dire, si ce n'étoit l'artifice qu'ils ont de me faire des ennemis que je respecte, & de jetter dans leur parti de véritables gens de bien, dont ils préviennent la bonne-foi ; & qui, par la chaleur qu'ils ont pour les intérêts du Ciel, sont faciles à recevoir les impressions qu'on veut leur donner. Voilà ce qui m'oblige à me défendre. C'est aux vrais dévots que je veux par-tout me justifier sur la conduite de ma Comédie ; & je les conjure, de tout mon cœur, de ne point condamner les choses, avant que de les voir, de se défaire de toute prévention, & de ne point servir la passion de ceux dont les grimaces les deshonorent.

Si l'on prend la peine d'examiner de bonne-foi ma Comédie, on verra sans doute que mes intentions y sont par-tout innocentes, & qu'elle ne tend nullement à jouer les choses que l'on doit révérer ; que je l'ai traitée avec toutes les précautions que demandoit la délicatesse de la matiere ; & que j'ai mis tout l'art & tous les soins qu'il m'a été possible, pour bien distinguer le personnage de l'hypocrite d'avec celui du vrai dévot. J'ai employé pour cela deux Actes entiers à préparer la venue de mon scélérat. Il ne tient pas un seul moment l'auditeur en balance, on le connoît d'abord aux marques que je lui donne ; &, d'un bout à l'autre, il ne dit pas un mot, il ne fait pas une action, qui ne peigne aux spectateurs le caractere d'un méchant homme, & ne fasse éclater celui du véritable homme de bien que je lui oppose.

Je sçais bien que, pour réponse, ces Messieurs

PRÉFACE.

tâchent d'insinuer que ce n'est point au Théatre à parler de ces matieres ; mais je leur demande, avec leur permission, sur quoi ils fondent cette belle maxime. c'est une proposition qu'ils ne font que supposer, & qu'ils ne prouvent en aucune façon ; &, sans doute, il ne seroit pas difficile de leur faire voir que la Comédie, chez les anciens, a pris son origine de la religion, & faisoit partie de leurs mysteres ; que les Espagnols, nos voisins, ne célebrent guéres de fêtes où la Comédie ne soit mêlée ; & que, même parmi nous, elle doit sa naissance aux soins d'une confrairie, à qui appartient encore aujourd'hui l'hôtel de Bourgogne ; que c'est un lieu qui fut donné pour y representer les plus importans mysteres de notre foi ; qu'on en voit encore des Comédies imprimées en lettres Gothiques, sous le nom d'un Docteur de Sorbonne ; &, sans aller chercher si loin, que l'on a joué, de notre tems, des Pieces saintes de M. Corneille, qui ont été l'admiration de toute la France.

Si l'emploi de la Comédie est de corriger les vices des hommes, je ne vois pas par quelle raison il y en aura de privilégiés. Celui-ci est, dans l'Etat d'une conséquence bien plus dangereuse que tous les autres, & nous avons vu que le Théatre a une grande vertu pour la correction. Les plus beaux traits d'une sérieuse morale sont moins puissans, le plus souvent, que ceux de la satyre ; & rien ne reprend mieux la plupart des hommes, que la peinture de leurs défauts. C'est une grande atteinte aux vices, que de les exposer à la risée de tout le monde. On souffre aisément des répréhensions ; mais on ne souffre point la raillerie. On veut bien être méchant ; mais on ne veut point être ridicule.

On me reproche d'avoir mis des termes de piété dans la bouche de mon imposteur. Hé, pouvois-je m'en empêcher, pour bien representer le caractere d'un hypocrite ? Il suffit, ce me semble, que je fasse connoître les motifs criminels qui lui font dire les choses, & que j'en aie retranché les termes consacrés, dont on auroit eu peine a lui entendre faire un mauvais usage. Mais il débite au quatrieme Acte une morale pernicieuse ; mais cette morale est-elle quelque chose, dont tout le monde n'eût les oreilles rebattues ? Dit-elle rien de nouveau dans ma Comédie ? Et peut-on craindre que des choses, si généralement détestées, fassent quelque impression dans les esprits, que je les rende dangereuses, en les faisant monter sur le Théatre, qu'elles reçoivent quelque autorité de la bouche d'un scélérat ? Il n'y a nulle apparence à cela, & l'on doit approuver la Comédie du Tartuffe, ou condamner généralement toutes les Comédies.

C'est à quoi l'on s'attache furieusement depuis un tems ; & jamais on ne s'étoit si fort déchaîné contre le Théatre. Je ne puis pas nier, qu'il n'y ait eu des peres de l'Eglise qui ont condamné la Comédie ; mais on ne peut pas nier aussi qu'il n'y en ait eu quelques-uns qui l'ont traitée un peu plus doucement. Ainsi l'autorité, dont on prétend appuyer la censure, est détruite par ce partage ; & toute la conséquence qu'on peut tirer de cette diversité d'opinions en des esprits éclairés des mêmes lumieres, c'est qu'ils ont pris la Comédie différemment, & que les uns l'ont considérée dans sa pureté, lorsque les autres l'ont regardée dans sa corruption, & confondue avec tous ces vilains spectacles qu'on a eu raison de nommer spectacles de turpitude.

Et en effet, puisqu'on doit discourir des choses, & non pas des mots, & que la plupart des contrariétés viennent de ne se pas entendre, & d'enveloper dans un même mot des choses opposées, il ne faut qu'ôter le voile de l'équivoque, & regarder ce qu'est la Comédie en soi, pour voir si elle est condamnable. On connoîtra, sans doute, que, n'étant autre chose qu'un Poëme ingénieux qui, par des leçons agrébles reprend les défauts des hommes, on ne sçauroit la censurer sans injustice, & si nous voulons ouir là-dessus le témoignage de l'antiquité, elle nous dira que ses plus célebres Philosophes ont donné des louanges à la Comédie, eux qui faisoient profession d'une sagesse si austere, & qui crioient sans cesse après les vices de leur siecle. Elle nous fera voir qu'Aristote a consacré des veilles au Théatre, & s'est donné le soin de réduire en préceptes l'Art de faire des Comédies. Elles nous apprendra que de ses plus grands hommes, & des premiers en dignité, ont fait gloire d'en composer eux-mêmes: qu'il y en a eu d'autres qui n'ont pas dédaigné de reciter en public celles qu'ils avoient composées; que la Grece a fait pour cet Art éclater son estime, par les prix glorieux & par les superbes Théatres dont elle a voulu l'honorer; & que, dans Rome enfin, ce même Art a reçu aussi des honneurs extraordinaires: je ne dis pas dans Rome débauchée, & sous la licence des Empereurs, mais dans Rome disciplinée, sous la sagesse des Consuls, & dans le tems de la vigueur de la vertu Romaine.

J'avoue qu'il y a eu des tems où la Comédie s'est corrompue. Et qu'est-ce que dans le monde on ne corrompt point tous les jours? Il n'y a chose si innocente, où les hommes ne puissent porter du crime; point d'Art si salutaire, dont ils ne soient capables de renverser les intentions; rien de si bon en soi, qu'ils ne puissent tourner à de mauvais usages. La Médecine est un Art profitable, & chacun la révere comme une des plus excellentes choses que nous ayons; & cependant il y a eu des tems où elle s'est rendue odieuse, & souvent on en a fait un Art d'empoisonner les hommes. La Philosophie est un present du Ciel, elle nous a été donnée pour porter nos esprits à la connoissance d'un Dieu, par la contemplation des merveilles de la nature ; & pourtant on n'ignore pas que souvent on l'a détournée de son emploi, & qu'on l'a occupée publiquement à soutenir l'impiété. Les choses même les plus saintes ne sont point à couvert de la corruption des hommes ; & nous voyons des scélérats qui, tous les jours, abusent de la piété, & la font servir méchamment aux crimes les plus grands. Mais on ne laisse pas pour cela de faire les distinctions qu'il est besoin de faire. On n'enveloppe point dans une fausse conséquence la bonté des choses que l'on corrompt, avec la malice des corrupteurs. On sépare toujours le mauvais usage d'avec l'intention de l'art ; & comme on ne s'avise point de défendre la Médecine, pour avoir été bannie de Rome, ni la Philosophie, pour avoir été condamnée publiquement dans Athenes, on ne doit point aussi vouloir interdire la Comédie, pour avoir été censurée en de certains tems. Cette censure a eu ses raisons, qui ne subsistent point ici. Elle s'est renfermée dans ce qu'elle a pu voir, & nous ne devons point la tirer des bornes qu'elle s'est données, l'étendre plus loin qu'il ne faut, & lui faire embrasser l'innocent avec le coupable. La Comédie qu'elle a eu dessein d'attaquer, n'est point du tout la Comédie que nous voulons défendre. Il se faut bien garder de confondre celle-là avec celle-ci. Ce sont deux personnes de qui les mœurs sont tout-à-fait opposées. Elles n'ont aucun rapport l'un avec l'autre, que la ressemblance du nom ; & ce seroit une injustice épouventable, que de vouloir condamner Olimpe, qui est femme de bien, parce qu'il y a eu une Olimpe qui a été une débauchée. De semblables Arrêts, sans doute, feroient un grand désordre dans le monde. Il n'y auroit rien par-là qui ne fût condamné ; &, puisque l'on ne garde point cette rigueur à tant de choses dont on abuse tous les jours, on doit bien faire la même grace à la Comédie, & approuver les Pieces de Théatre,

PRÉFACE.

où l'on verra régner l'instruction & l'honnêteté.

Je sçais qu'il y a des esprits, dont la délicatesse ne peut souffrir aucune Comédie, qui disent que les plus honnêtes sont les plus dangereuses, que les passions que l'on y dépeint, sont d'autant plus touchantes qu'elles sont pleines de vertu, & que les ames sont attendries par ces sortes de representations. Je ne vois pas quel grand crime c'est, que de s'attendrir à la vue d'une passion honnête : c'est un haut étage de vertu ; que cette pleine insensibilité, où ils veulent faire monter notre ame. Je doute qu'une si grande perfection soit dans les forces de la nature humaine : & je ne sçais s'il n'est pas mieux de travailler à rectifier & adoucir les passions des hommes, que de vouloir les retrancher entiérement. J'avoue qu'il y a des lieux qu'il vaut mieux fréquenter que le Théatre ; &, si l'on veut blâmer toutes les choses qui ne regardent pas directement Dieu & notre salut, il est certain que la Comédie en doit être, & je ne trouve point mauvais qu'elle soit condamnée avec le reste ; mais supposé, comme il est vrai, que les exercices de la piété souffrent des intervalles, & que les hommes aient besoin de divertissement, je soutiens qu'on ne leur en peut trouver un qui soit plus innocent que la Comédie. Je me suis étendu trop loin. Finissons par un mot d'un grand Prince sur la Comédie du Tartuffe.

Huit jours après qu'elle eut été défendue, on representa, devant la Cour, une Pièce intitulée, *Scaramouche Hermite* ; & le Roi, en sortant, dit au grand Prince que je veux dire : *Je voudrois bien sçavoir pourquoi les gens qui se scandalisent si fort de la Comédie de Moliere, ne disent mot de celle de Scaramouche.* A quoi le Prince répondit : *La raison de cela, c'est que la Comédie de Scaramouche joue le Ciel & la Religion, dont ces Messieurs-là ne se soucient point ; mais celle de Moliere les joue eux-mêmes, c'est ce qu'ils ne peuvent souffrir.*

PREMIER PLACET
PRÉSENTÉ AU ROI,

Sur la Comédie du Tartuffe, qui n'avoit pas encore été représentée en public.

SIRE,

Le devoir de la Comédie étant de corriger les hommes en les divertissant, j'ai cru que dans l'emploi où je me trouve, je n'avois rien de mieux à faire, que d'attaquer par des peintures ridicules les vices de mon siecle; &, comme l'hypocrisie, sans doute, en est un des plus en usage & des plus incommodes & des plus dangereux, j'avois eu, SIRE, la pensée que je ne rendrois pas un petit service à tous les honnêtes-gens de votre Royaume, si je faisois une Comédie qui décriât les hypocrites, & mit en vue, comme il faut, toutes les grimaces étudiées de ces gens de bien à outrance, toutes les friponneries couvertes de ces faux-monoyeurs en dévotion, qui veulent attraper les hommes avec un zele contrefait & une charité sophistiquée.

Je l'ai faite, SIRE, cette Comédie, avec tout le soin, comme je crois, & toutes les circonspections que pouvoit demander la délicatesse de la matiere; &, pour mieux conserver l'estime & le respect qu'on doit aux vrais dévots, j'en ai distingué, le plus que j'ai pu, le caractere que j'avois à toucher; je n'ai point laissé d'équivoque, j'ai ôté ce qui pouvoit confondre le bien avec le mal, & ne me suis servi, dans cette peinture, que des couleurs expresses & des traits essentiels qui font reconnoître d'abord un véritable & franc hypocrite.

Cependant toutes mes précautions ont été inutiles. On a profité, SIRE, de la délicatesse de votre ame sur les matieres de Religion, & l'on a sçu vous prendre par l'endroit seul que vous êtes prenable, je veux dire, par le respect des choses saintes. Les Tartuffes, sous main, ont eu l'adresse de trouver grace auprès de votre Majesté, & les originaux enfin ont fait supprimer la copie, quelque innocente qu'elle fût, & quelque ressemblante qu'on la trouvât.

Bien que ce m'ait été un coup sensible que la suppression de cet Ouvrage, mon malheur pourtant étoit adouci par la maniere dont votre Majesté s'étoit expliquée sur ce sujet; & j'ai cru, SIRE, qu'elle m'ôtoit tout lieu de me plaindre, ayant eu la bonté de déclarer qu'elle ne trouvoit rien à dire dans cette Comédie qu'elle me défendoit de produire en public.

Mais, malgré cette glorieuse déclaration du plus grand Roi du monde, & du plus éclairé, malgré l'approbation encore de Monsieur le Légat, & de la plus grande partie de nos Prélats, qui tous, dans les lectures particulieres que je leur ai faites de mon Ouvrage, se sont trouvés d'accord avec les sentimens de votre Majesté, malgré tout cela, dis-je, on voit un Livre composé par le Curé de... qui donne hautement un démenti à tous ces augustes témoignages. Votre Majesté a beau dire, & Monsieur le Légat, & même les Prélats ont beau donner leur jugement, ma Comédie, sans l'avoir vue est diabolique, & diabolique mon cerveau; je suis un démon vêtu de chair, & habillé en homme, un libertin, un impie, digne d'un supplice exemplaire. Ce n'est pas assez que le feu expie en public mon offense, j'en serois quitte à trop bon marché; le zele charitable de ce galant homme de bien, n'a garde de demeurer-là; il ne veut point que j'aie de miféricorde auprès de Dieu, il veut abfolument que je fois damné, c'eft une affaire réfolue.

Ce Livre, SIRE, a été prefenté à votre Majefté, &, fans doute elle juge bien elle-même combien il m'eft fâcheux de me voir expofé tous les jours aux infultes de ces Meffieurs ; quel tort me feront dans le monde de telles calomnies, s'il faut qu'elles foient tolerées, & quel intérêt j'ai enfin à me purger de fon impofture, & à faire voir au public que ma Comédie n'eft rien moins que ce qu'on veut qu'elle foit ? Je ne dirai point, SIRE, ce que j'aurois à demander pour ma réputation, & pour juftifier à tout le monde l'innocence de mon Ouvrage ; les Rois, éclairés comme vous, n'ont pas befoin qu'on leur marque ce qu'on fouhaite ; ils voient, comme Dieu, ce qu'ils nous faut, & fçavent, mieux que nous, ce qu'ils nous doivent accorder. Il me fuffit de mettre mes intérêts entre les mains de votre Majefté ; & j'attends d'elle, avec refpect, tout ce qu'il lui plaira d'ordonner là-deffus.

SECOND PLACET

Présenté au Roi dans son Camp devant la ville de Lille en Flandre, par les Sieurs de la Thorillere & de la Grange, Comédiens de Sa Majesté, & compagnons du Sieur Moliere, sur la défense qui fut faite le 6 Août 1667, de représenter le Tartuffe jusques à nouvel ordre de Sa Majesté.

SIRE,

C'est une chose bien téméraire à moi, que de venir importuner un grand Monarque au milieu de ses glorieuses conquêtes ; mais dans l'état où je me vois, où trouver, SIRE, une protection, qu'au lieu où je la viens chercher ? Et qui puis-je solliciter contre l'autorité de la Puissance qui m'accable, que la source de la puissance & de l'autorité, que le juste dispensateur des ordres absolus, que le souverain Juge & le maître de toutes choses ?

Ma Comédie, SIRE, n'a pu jouir ici des bontés de votre Majesté. En vain je l'ai produite sous le titre de l'Imposture, & déguisé le personnage sous l'ajustement d'un homme du monde. J'ai eu beau lui donner un petit chapeau, de grands cheveux, un grand collet, une épée, & des dentelles, sur-tout l'habit, mettre en plusieurs endroits des adoucissemens, & retrancher avec soin tout ce que j'ai jugé capable de fournir l'ombre d'un prétexte aux célebres originaux du portrait que je voulois faire, tout cela n'a de rien servi. La cabale s'est réveillée aux simples conjectures qu'ils ont pu avoir de la chose. Ils ont trouvé moyen de surprendre des esprits, qui, dans toute autre matiere, font une haute profeſſion de ne ſe point laiſſer ſurprendre. Ma Comédie n'a pas plutôt paru, qu'elle s'eſt vue foudroyée par le coup d'un pouvoir qui doit impoſer du reſpect ; & tout ce que j'ai pû faire en cette rencontre, pour me ſauver moi-même de l'éclat de cette tempête, c'eſt de dire que votre Majeſté avoit eu la bonté de m'en permettre la repreſentation, & que je n'avois pas cru qu'il fût beſoin de demander cette permiſſion à d'autres, puiſqu'il n'y avoit qu'Elle ſeule qui me l'eût défendue.

Je ne doute point, SIRE, que les gens que je peins dans ma Comédie, ne remuent bien des reſſorts auprès de votre Majeſté, & ne jettent dans leur parti, comme ils ont déjà fait, de véritables gens de bien, qui ſont d'autant plus prompts à ſe laiſſer tromper, qu'ils jugent d'autrui par eux-mêmes. Ils ont l'art de donner de belles couleurs à toutes leurs intentions ; quelque mine qu'ils faſſent, ce n'eſt point du tout l'intérêt de Dieu qui les peut émouvoir, ils l'ont aſſez montré dans les Comédies, qu'ils ont ſouffert qu'on ait jouées tant de fois en public, ſans en dire le moindre mot. Celles-là n'attaquoient que la piété & la Religion, dont ils ſe ſoucient fort peu ; mais celle-ci les attaque & les joue eux-mêmes, & c'eſt ce qu'ils ne peuvent ſouffrir. Ils ne ſçauroient me pardonner de dévoiler leurs impoſtures aux yeux de tout le monde ; &, ſans doute, on ne manquera pas de dire à votre Majeſté, que chacun s'eſt ſcandaliſé de ma Comédie. Mais la vérité pure, SIRE, c'eſt que tout Paris ne s'eſt ſcandaliſé que de la défenſe qu'on en a faite, que les plus ſcrupuleux en ont trouvé la repreſentation profitable, & qu'on s'eſt étonné que des perſonnes d'une probité ſi connue, aient eu une ſi grande déférence pour des gens qui devroient être l'horreur de tout le monde, & ſont ſi oppoſés à la véritable piété dont elles font profeſſion.

J'attends avec reſpect l'Arrêt que votre Majeſté daignera prononcer ſur cette matiere : mais il eſt très-assuré, SIRE, qu'il ne faut plus que je songe à faire des Comédies, si les Tartuffes ont l'avantge; qu'ils prendront droit par-là de me persécuter plus que jamais, & voudront trouver à redire aux choses les plus innocentes qui pourront sortir de ma plume.

Daignent vos bontés, SIRE, me donner une protection contre leur rage envenimée; & puissai-je, au retour d'une campagne si glorieuse, délasser votre Majesté des fatigues de ses conquêtes, lui donner d'innocens plaisirs, après de si nobles travaux, & faire rire le Monarque qui fait trembler toute l'Europe.

TROISEME PLACET

Presenté au Roi le 5 Février 1669.

SIRE,

Un fort honnête Médecin, dont j'ai l'honneur d'être le malade, me promet, & veut s'obliger, par devant Notaires, de me faire vivre encore trente années, si je puis lui obtenir une grace de votre Majesté. Je lui ai dit, sur sa promesse, que je ne lui demandois pas tant: & que je serois satisfait de lui, pourvu qu'il s'obligeât de ne me point tuer. Cette grace, SIRE, est un Canonicat de votre Chapelle Royale de Vincennes, vacant par la mort de…

Oserois-je demander encore cette grace à votre Majesté, le propre jour de la grande résurrection de Tartuffe, ressuscité par vos bontés ? Je suis, par cette premiere faveur, réconcilié avec les dévots; & je le serois, par cette seconde, avec les Médecins. C'est pour moi, sans doute, trop de grace à la fois; mais peut-être n'en est-ce pas trop pour votre Majesté; & j'attends, avec un peu d'espérance respectueuse, la réponse de mon Placet.

ACTEURS.

Madame PERNELLE, Mere d'Orgon.
ORGON, Mari d'Elmire.
ELMIRE, Femme d'Orgon.
DAMIS, Fils d'Orgon.
MARIANE, Fille d'Orgon.
VALERE, Amant de Mariane.
CLEANTE, Beau-frere d'Orgon.
TARTUFFE, Faux dévot.
DORINE, Suivante de Mariane.
Monsieur LOYAL, Sergent.
UN EXEMPT.
FLIPOTE, Servante de Madame Pernelle.

La Scene est à Paris dans la Maison d'Orgon.

LE TARTUFE

LE TARTUFFE,
COMÉDIE.

ACTE PREMIER.

SCENE PREMIERE.
MADAME PERNELLE, ELMIRE, MARIANE, CLEANTE, DAMIS, DORINE, FLIPOTE.

Madame PERNELLE.

ALLONS, Flipote, allons, que d'eux je me délivre.
ELMIRE.
Vous marchez d'un tel pas, qu'on a peine à vous suivre.
Madame PERNELLE.
Laissez, ma bru, laissez. Ne venez pas plus loin;
Ce sont toutes façons, dont je n'ai pas besoin.

ELMIRE.
De ce que l'on vous doit, envers vous on s'acquite,
Mais, ma mere, d'où vient que vous sortez si vîte ?
Madame PERNELLE.
C'est que je ne puis voir tout ce ménage-ci,
Et que, de me complaire, on ne prend nul souci.
Oui, je sors de chez vous fort mal édifiée ;
Dans toutes mes leçons, j'y suis contrariée,
On n'y respecte rien, chacun y parle haut ;
Et c'est, tout justement, la Cour du Roi Pétaut.
DORINE.
Si....
Madame PERNELLE.
Vous êtes, m'amie, une fille suivante,
Un peu trop forte en gueule, & fort impertinente,
Vous vous mêlez, sur-tout, de dire votre avis.
DAMIS.
Mais...
Madame PERNELLE.
Vous êtes un sot en trois lettres, mon fils ;
C'est moi qui vous le dis, qui suis votre grand'-
mere,
Et j'ai prédit cent fois, à mon fils votre pere,
Que vous preniez tout l'air d'un méchant garne-
ment,
Et ne lui donneriez jamais que du tourment.
MARIANE..
Je crois....
Madame PERNELLE.
Mon Dieu ! Sa sœur, vous faite la discrette,
Et vous n'y touchez pas, tant vous semblez dou-
cette ;
Mais il n'est, comme on dit, pire eau, que l'eau
qui dort.
Et vous menez, sous-cape, un train que je hais fort.
ELMIRE.
Mais, ma mere...

Madame

COMEDIE.

Madame PERNELLE.
Ma bru, qu'il ne vous en déplaife,
Votre conduite, en tout, eft tout-à-fait mauvaife;
Vous devriez leur mettre un bon exemple aux yeux,
Et leur défunte mere en ufoit beaucoup mieux.
Vous êtes dépenfiere; & cet état me bleffe,
Que vous alliez vêtue ainfi qu'une Princeffe.
Quiconque, à fon mari, veut plaire feulement,
Ma bru, n'a pas befoin de tant d'ajuftement.

CLEANTE.
Mais, Madame, après tout...

Madame PERNELLE.
Pour vous, Monfieur fon frere,
Je vous eftime fort, vous aime & vous révere;
Mais enfin, fi j'étois de mon fils fon époux,
Je vous prierois bien fort de n'entrer point chez
   nous.
Sans ceffe vous prêchez des maximes de vivre,
Qui, par d'honnêtes gens ne fe doivent point fuivre.
Je vous parle un peu franc, mais c'eft-là mon hu-
   meur,
Et je ne mâche point ce que j'ai fur le cœur.

DAMIS.
Votre Monfieur Tartuffe eft bienheureux, fans
   doute...

Madame PERNELLE.
C'eft un homme de bien, qu'il faut que l'on écoute;
Et je ne puis fouffrir, fans me mettre en courroux,
De le voir querellé par un fou comme vous.

DAMIS.
Quoi, je fouffrirai, moi, qu'un cagot de critique,
Vienne ufurper céans un pouvoir tyrannique,
Et que nous ne puiffions à rien nous divertir,
Si ce beau Monfieur-là n'y daigne confentir?

DORINE.
S'il le faut écouter, & croire à fes maximes,
On ne peut faire rien, qu'on ne faffe des crimes,
Car il contrôle tout, ce critique zélé.

Tome IV.   I

Madame PERNELLE.
Et tout ce qu'il contrôle est fort bien contrôlé.
C'est au chemin du Ciel qu'il prétend vous conduire;
Et mon fils à l'aimer devroit tous vous induire.
DAMIS.
Non, voyez-vous, ma mere, il n'est pere, ni rien,
Qui me puisse obliger à lui vouloir du bien;
Je trahirois mon cœur de parler d'autre sorte.
Sur ces façons de faire à tous coups je m'emporte.
J'en prévois une suite, & qu'avec ce pied-plat,
Il faudra que j'en vienne à quelque grand éclat.
DORINE.
Certes, c'est une chose aussi qui scandalise,
De voir qu'un inconnu céans s'impatronise;
Qu'un gueux, qui, quand il vint, n'avoit pas de souliers,
Et dont l'habit entier valoit bien six deniers,
En vienne jusques-là, que de se méconnoître,
De contrarier tout, & de faire le maître.
Madame PERNELLE.
Hé, merci de ma vie, il en iroit bien mieux,
Si tout se gouvernoit par ses ordres pieux.
DORINE.
Il passe pour un saint dans votre fantaisie;
Tout son fait, croyez-moi, n'est rien qu'hypocrisie.
Madame PERNELLE.
Voyez la langue !
DORINE.
A lui, non plus qu'à son Laurent,
Je ne me fierois, moi, que sur un bon garant.
Madame PERNELLE.
J'ignore ce qu'au fond le serviteur peut être;
Mais pour homme de bien je garantis le maître.
Vous ne lui voulez mal, & ne le rebutez,
Qu'à cause qu'il vous dit à tous vos vérités.
C'est contre le péché que son cœur se courrouce,
Et l'intérêt du Ciel est tout ce qui le pousse.

COMEDIE.

DORINE.
Oui ; mais pourquoi, sur-tout, depuis un certain tems,
Ne sçauroit-il souffrir qu'aucun hante céans ?
En quoi blesse le Ciel une visite honnête,
Pour en faire un vacarme à nous rompre la tête ?
Veut-on que, là-dessus, je m'explique entre nous ?
(montrant Elmire.)
Je crois que de Madame il est, ma foi, jaloux.

Madame PERNELLE.
Taisez-vous, & songez aux choses que vous dites.
Ce n'est pas lui tout seul qui blâme ces visites.
Tout ce tracas qui suit les gens que vous hantez,
Ces carrosses sans cesse à la porte plantés,
Et de tant de laquais le bruyant assemblage,
Font un éclat fâcheux dans tout le voisinage.
Je veux croire qu'au fond il ne se passe rien ;
Mais enfin on en parle, & cela n'est pas bien.

CLEANTE.
Hé, voulez-vous, Madame, empêcher qu'on ne cause ;
Ce seroit dans la vie une fâcheuse chose,
Si, pour les sots discours, où l'on peut être mis,
Il falloit renoncer à ses meilleurs amis,
Et, quand même on pourroit se résoudre à le faire,
Croiriez-vous obliger tout le monde à se taire ?
Contre la médisance il n'est point de rempart.
A tous les sots caquets n'ayons donc nul égard ;
Efforçons-nous de vivre avec toute innocence,
Et laissons aux causeurs une pleine licence.

DORINE.
Daphné notre voisine, & son petit époux,
Ne seroient-ils point ceux qui parlent mal de nous ?
Ceux de qui la conduite offre le plus à rire,
Sont toujours, sur autrui, les premiers à médire ;
Ils ne manquent jamais de saisir promptement
L'apparente lueur du moindre attachement,
D'en semer la nouvelle avec beaucoup de joie,

Et d'y donner le tour qu'ils veulent qu'on y croie.
Des actions d'autrui, teintes de leurs couleurs,
Ils pensent dans le monde autoriser les leurs ;
Et sous le faux espoir de quelque ressemblance,
Aux intrigues qu'ils ont donner de l'innocence,
Ou faire ailleurs tomber quelques traits partagés
De ce blâme public dont ils sont trop chargés.

   Madame PERNELLE.
Tous ces raisonnemens ne font rien à l'affaire.
On sçait qu'Orante mene une vie exemplaire,
Tous ces soins vont au Ciel ; & j'ai sçu, par des gens,
Qu'elle condamne fort le train qui vient céans.

   DORINE.
L'exemple est admirable, & cette Dame est bonne.
Il est vrai qu'elle vit en austere personne ;
Mais l'âge, dans son ame, a mis ce zele ardent,
Et l'on sçait qu'elle est prude à son corps défendant.
Tant qu'elle a pu des cœurs attirer les hommages,
Elle a fort bien joui de tous ses avantages ;
Mais, voyant de ses yeux tous les brillans baisser,
Au monde, qui la quitte, elle veut renoncer ;
Et, du voile pompeux d'une haute sagesse,
De ses attraits usés, déguiser la foiblesse.
Ce sont-là les retours des coquettes du tems ;
Il leur est dur de voir déserter les galans.
Dans un tel abandon, leur sombre inquiétude
Ne voit d'autre recours que le métier de prude ;
Et la sévérité de ces femmes de bien
Censure toute chose, & ne pardonne à rien ;
Hautement, d'un chacun, elles blâment la vie,
Non point par charité, mais par un trait d'envie
Qui ne sçauroit souffrir qu'un autre ait les plaisirs,
Dont le penchant de l'âge a sevré leurs desirs.

   Madame PERNELLE *à Elmire.*
Voilà les contes bleus qu'il vous faut, pour vous
  plaire,
Ma bru, l'on est, chez vous, contrainte de se taire,
Car, Madame, à jaser, tient le dé tout le jour ;

Mais enfin je prétends discourir à mon tour.
Je vous dis que mon fils n'a rien fait de plus sage,
Qu'en recueillant chez soi ce dévot personnage,
Que le Ciel au besoin l'a céans envoyé,
Pour redresser à tous votre esprit fourvoyé ;
Que, pour votre salut, vous le devez entendre,
Et qu'il ne reprend rien, qui ne soit à reprendre.
Ces visites, ces bals, ces conversations,
Sont, du malin esprit, toutes inventions,
Là, jamais on n'entend de pieuses paroles,
Ce sont propos oisifs, chansons & fariboles.
Bien souvent le prochain en a sa bonne part,
Et l'on y sçait médire & du tiers & du quart.
Enfin les gens sensés ont leurs têtes troublées,
De la confusion de telles assemblées ;
Mille caquets divers s'y font en moins de rien ;
Et, comme l'autre jour, un Docteur dit fort bien,
C'est véritablement la tour de Babylone,
Car chacun y habille, & tout du long de l'aune ;
Et pour conter l'histoire où ce point l'engagea...
         (*montrant Cléante.*)
Voilà-t-il pas, Monsieur qui ricane déjà ?
Allez chercher vos fous qui vous donnent à rire,
         (*à Elmire.*)
Et sans... Adieu, ma bru, je ne veux plus rien dire.
Sçachez que, pour céans, j'en rabats de moitié,
Et qu'il fera beau tems, quand j'y mettrai le pied.
         (*Donnant un soufflet à Flipote.*)
Allons, vous, vous rêvez & bayez aux corneilles ;
Jour de Dieu ! Je sçaurai vous frotter les oreilles.
Marchons, gaupe, marchons.

SCENE II.
CLÉANTE, DORINE.
CLEANTE.

JE n'y veux point aller,
De peur qu'elle ne vînt encore me quereller ;
Que cette bonne femme...

DORINE.

Ah ! Certes, c'eſt dommage,
Qu'elle ne vous ouït tenir un tel langage ;
Elle vous diroit bien qu'elle vous trouve bon,
Et qu'elle n'eſt point d'âge à lui donner ce nom.

CLEANTE.

Comme elle s'eſt pour rien contre nous échauffée !
Et que de ſon Tartuffe elle paroît coëffée !

DORINE.

Oh ! Vraiment, tout cela n'eſt rien au prix du fils ;
Et, ſi vous l'aviez vu, vous diriez, c'eſt bien pis.
Nos troubles l'avoient mis ſur le pied d'homme ſage,
Et, pour ſervir ſon Prince, il montra du courage,
Mais il eſt devenu comme un homme hébété,
Depuis que de Tartuffe on le voit entêté,
Il l'appelle ſon frere ; & l'aime dans ſon ame,
Cent fois plus qu'il ne fait mere, fils, fille & femme,
C'eſt de tous ſes ſecrets l'unique confident,
Et de ſes actions le Directeur prudent,
Il le choie, il l'embraſſe ; &, pour une maîtreſſe
On ne ſçauroit, je penſe, avoir plus de tendreſſe ;
A table, au plus haut bout, il veut qu'il ſoit aſſis,
Avec joie, il l'y voit manger autant que ſix ;
Les bons morceaux de tout, il faut qu'on les lui cede ;
Et, s'il vient à rotter, il lui dit, Dieu vous aide.
Enfin, il en eſt fou ; c'eſt ſon tout, ſon Héros,
Il l'admire à tous coups, le cite à tous propos ;

Ses moindres actions lui semblent des miracles,
Et tous les mots qu'il dit, sont pour lui des oracles.
Lui, qui connoît sa dupe, & qui veut en jouir,
Par cent dehors fardés, a l'art de l'éblouir;
Son cagotisme en tire, à toute heure, des sommes;
Et prend droit de gloser sur tous tant que nous sommes.
Il n'est pas jusqu'au fat, qui lui sert de garçon,
Qui ne se mêle aussi de nous faire leçon;
Il vient nous sermonner avec des yeux farouches,
Et jetter nos rubans, notre rouge, & nos mouches,
Le traître, l'autre jour, nous rompit de ses mains
Un mouchoir qu'il trouva dans une Fleur des saints.
Disant que nous mêlions, par un crime effroyable,
Avec la sainteté, les parures du diable.

SCENE III.

ELMIRE, MARIANE, DAMIS, CLEANTE, DORINE.

ELMIRE à *Cléante*.

Vous êtes bien-heureux, de n'être point venu.
Au discours qu'à la porte elle nous a tenu.
Mais j'ai vu mon mari; comme il ne m'a point vue,
Je veux aller, là-haut, attendre sa venue.
CLÉANTE.
Moi, je l'attends ici pour moins d'amusement,
Et je vais lui donner le bon jour seulement.

SCENE IV.
CLEANTE, DAMIS, DORINE.
DAMIS.

DE l'hymen de ma sœur touchez-lui quelque chose.
J'ai soupçon que Tartuffe à son effet s'oppose,
Qu'il oblige mon pere à des détours si grands ;
Et vous n'ignorez pas quel intérêt j'y prends.
Si même ardeur enflamme & ma sœur & Valere,
La sœur de cet ami, vous le sçavez, m'est chere ;
Et s'il falloit.....
DORINE.
Il entre.

SCENE V.
ORGON, CLEANTE, DORINE.
ORGON.

AH ! Mon frere, bon jour.
CLÉANTE.
Je sortois, & j'ai joie à vous voir de retour.
La campagne à present n'est pas beaucoup fleurie.
ORGON.
(à Cléante.)
Dorine. Mon beaufrere, attendez, je vous prie.
Vous voulez bien souffrir, pour m'ôter de souci,
Que je m'informe un peu des nouvelles d'ici.
(à Dorine.)
Tout s'est-il, ces deux jours, passé de bonne sorte ?

COMEDIE.

Qu'est-ce qu'on fait céans ? Comme est-ce qu'on s'y porte ?

DORINE.

Madame eut, avant hier, la fievre jusqu'au soir,
Avec un mal de tête étrange à concevoir.

ORGON.

Et Tartuffe ?

DORINE.

Tartuffe ? Il se porte à merveille,
Gros & gras, le teint frais, & la bouche vermeille.

ORGON.

Le pauvre homme !

DORINE.

Le soir, elle eut un grand dégoût,
Et ne put, au soupé, toucher à rien du tout,
Tant sa douleur de tête étoit encor cruelle.

ORGON.

Et Tartuffe ?

DORINE.

Il soupa, lui tout seul, devant elle,
Et, fort dévotement, il mangea deux perdrix,
Avec une moitié de gigot en hachis.

ORGON.

Le pauvre homme !

DORINE.

La nuit se passa toute entiere,
Sans qu'elle pût fermer un moment la paupiere ;
Des chaleurs l'empêchoient de pouvoir sommeiller,
Et jusqu'au jour, près d'elle, il nous fallut veiller.

ORGON.

Et Tartuffe ?

DORINE.

Pressé d'un sommeil agréable,
Il passa dans sa chambre, au sortir de la table,
Et dans son lit bien chaud, il se mit tout soudain,
Où, sans trouble, il dormit jusques au lendemain.

ORGON.

Le pauvre homme !

LE TARTUFFE,

DORINE.

A la fin, par nos raisons gagnée ;
Elle se résolut à souffrir la saignée ;
Et le soulagement suivit tout aussi-tôt.

ORGON.

Et Tartuffe ?

DORINE.

Il reprit courage comme il faut ;
Et, contre tous les maux, fortifiant son ame,
Pour réparer le sang qu'avoit perdu Madame,
Bût à son déjeûné quatre grands coups de vin.

ORGON.

Le pauvre homme !

DORINE.

Tous deux se portent bien enfin ;
Et je vais à Madame annoncer, par avance,
La part que vous prenez à sa convalescence.

SCENE VI.

ORGON, CLÉANTE.

CLÉANTE.

A Votre nez, mon frere, elle se rit de vous ;
Et, sans avoir dessein de vous mettre en courroux,
Je vous dirai, tout franc, que c'est avec justice.
A-t-on jamais parlé d'un semblable caprice ?
Et se peut-il qu'un homme ait un charme aujourd'hui,
A vous faire oublier toutes choses pour lui ?
Qu'après avoir chez vous réparé sa misere,
Vous en veniez au point.....

ORGON.

Alte-là, mon beau-frere,
Vous ne connoissez pas celui dont vous parlez.

COMEDIE.

CLEANTE.
Je ne le connois pas, puisque vous le voulez ;
Mais enfin pour sçavoir quel homme ce peut être...

ORGON.
Mon frere, vous seriez charmé de le connoître,
Et vos ravissemens ne prendroient point de fin.
C'est un homme..... qui..... ah ! .... un homme.... un homme enfin !
Qui suit bien ses leçons, goûte une paix profonde ;
Et, comme du fumier, regarde tout le monde.
Oui, je deviens tout autre avec son entretien,
Il m'enseigne à n'avoir affection pour rien ;
De toutes amitiés il détache mon ame ;
Et je verrois mourir, frere, enfans, mere, & femme,
Que je m'en soucierois autant que de cela.

CLEANTE.
Les sentimens humains, mon frere, que voilà !

ORGON.
Ah ! si vous aviez vu comme j'en fis rencontre,
Vous auriez pris pour lui l'amitié que je montre.
Chaque jour à l'Eglise il venoit, d'un air doux,
Tout vis-à-vis de moi, se mettre à deux genoux.
Il attiroit les yeux de l'assemblée entiere,
Par l'ardeur dont au Ciel il poussoit sa priere ;
Il faisoit des soupirs, de grands élancemens,
Et baisoit humblement la terre à tous momens.
Et, lorsque je sortois, il me devançoit vîte,
Pour m'aller, à la porte, offrir de l'eau-benite.
Instruit par son garçon, qui dans tout l'imitoit,
Et de son indigence, & de ce qu'il étoit,
Je lui faisois des dons ; mais, avec modestie,
Il me vouloit toujours en rendre une partie.
C'est trop, me disoit-il, *c'est trop de la moitié,*
Je ne mérite pas de vous faire pitié ;
Et quand je refusois de le vouloir reprendre,
Aux pauvres, à mes yeux, il alloit le répandre.
Enfin, le Ciel, chez moi, me le fit retirer ;

Et, depuis ce tems-là, tout semble y prospérer.
Je vois qu'il reprend tout; & qu'à ma femme même,
Il prend, pour mon honneur, un intérêt extrême;
Il m'avertit des gens qui lui font des yeux doux,
Et plus que moi, six fois, il s'en montre jaloux.
Mais vous ne croiriez point jusqu'où montre son
  zele ;
Il s'impute à péché la moindre bagatelle ;
Un rien presque suffit pour le scandaliser ;
Jusque-là qu'il se vint, l'autre jour, accuser
D'avoir pris une puce, en faisant sa priere,
Et de l'avoir tuée avec trop de colere.

   CLEANTE.
Parbleu, vous êtes fou, mon frere, que je croi
Avec de tels discours, vous moquez-vous de moi ?
Et que prétendez-vous que tout ce badinage.....

   ORGON.
Mon frere, ce discours sent le libertinage,
Vous en êtes un peu dans votre ame entiché ;
Et, comme je vous l'ai plus de dix fois prêché,
Vous vous attirerez quelque méchante affaire.

   CLEANTE.
Voilà de vos pareils le discours ordinaire.
Ils veulent que chacun soit aveugle comme eux.
C'est être libertin que d'avoir de bons yeux,
Et qui n'adore pas de vaines simagrées,
N'a ni respect, ni foi, pour les choses sacrées.
Allez, tous vos discours ne me font point de peur
Je sçais comme je parle, & le Ciel voit mon cœur.
De tous vos façonniers on n'est point les esclaves,
Il est de faux dévots, ainsi que de faux braves ;
Et comme on ne voit pas qu'où l'honneur les con-
  duit,
Les vrais braves soient ceux qui font beaucoup de
  bruit,
Les bons & vrais dévots, qu'on doit suivre à la trace,
Ne sont pas ceux aussi qui font tant de grimace.
Hé quoi ! Vous ne ferez nulle distinction

COMÉDIE.

Entre l'hypocrisie & la dévotion ?
Vous les voulez traiter d'un semblable langage,
Et rendre même honneur au masque qu'au visage,
Egaler l'artifice à la sincérité,
Confondre l'apparence avec la vérité,
Estimer le fantôme autant que la personne,
Et la fausse monnoie à l'égal de la bonne ?
Les hommes, la plupart, sont étrangement faits,
Dans la juste nature on ne les voit jamais :
La raison a, pour eux, des bornes trop petites ;
En chaque caractere, il passent ses limites,
Et la plus noble chose, ils la gâtent souvent,
Pour la vouloir outrer & pousser trop avant.
Que cela vous soit dit en passant, mon beau-frere.

ORGON.

Oui, vous êtes, sans doute, un Docteur qu'on révere,
Tout le savoir du monde est chez vous retiré,
Vous êtes le seul sage & le seul éclairé,
Un oracle, un Caton, dans le siecle où nous sommes,
Et, près de vous, ce sont des sots que tous les hommes.

CLEANTE.

Je ne suis point, mon frere, un Docteur révéré,
Et le sçavoir chez moi n'est pas tout retiré,
Mais, en un mot, je sçais, pour toute ma science,
Du faux, avec le vrai, faire la différence ;
Et, comme je ne vois nul genre de héros
Qui soient plus à priser que les parfaits dévots,
Aucune chose au monde & plus noble & plus belle
Que la sainte ferveur d'un véritable zele,
Aussi ne vois-je rien qui soit plus odieux,
Que le dehors plâtré d'un zele spécieux,
Que ces francs charlatans, que ces dévots de place,
De qui la sacrilege & trompeuse grimace,
Abuse impunément, & se joue à leur gré,
De ce qu'ont les mortels de plus saint & sacré.
Ces gens, qui, par une ame à l'intérêt soumise,

Font de dévotion métier & marchandife,
Et veulent acheter crédit & dignités,
A prix de faux clins d'yeux, & d'élans affectés;
Ces gens, dis-je, qu'on voit, d'une ardeur non
 commune,
Par le chemin du Ciel, courir à la fortune;
Qui, brûlans & priant, demandent chaque jour,
Et prêche la retraite au milieu de la Cour;
Qui fçavent ajufter leur zele avec leur vices,
Sont prompts, vindicatifs, fans foi, pleins d'artifi-
 ces,
Et, pour perdre quelqu'un, couvrent infolemment
De l'intérêt du Ciel leur fier reffentiment;
D'autant plus dangereux dans leur âpre colere,
Qu'ils prennent contre nous des armes qu'on révere,
Et que leur paffion, dont on leur fait bon gré,
Veut nous affaffiner avec un fer facré.
De ce faux caractere on en voit trop paroître;
Mais les dévots de cœur font aifés à connoître.
Notre fiecle, mon frere, en expofe à nos yeux,
Qui peuvent nous fervir d'exemples glorieux.
Regardez Arifton, regardez Périandre,
Oronte, Alcidamas, Polidore, Clitandre;
Ce titre par aucun ne leur eft débattu,
Ce ne font point du tout fanfarons de vertu;
On ne voit point en eux, ce fafte infupportable,
Et leur dévotion eft humaine & traitable.
Ils ne cenfurent point toutes nos actions,
Ils trouvent trop d'orgueil dans ces corrections;
Et, laiffant la fierté des paroles aux autres,
C'eft par leurs actions qu'ils reprennent les nôtres.
L'aparence du mal a chez eux peu d'appui;
Et leur ame eft portée à juger bien d'autrui;
Point de cabale en eux, point d'intrigues à fuivre;
On les voit, pour tous foins, fe mêler de bien vivre.
Jamais, contre un pécheur, ils n'ont d'acharne-
 ment,
Ils attachent leur haine au péché feulement,

COMEDIE.

Et ne veulent point prendre, avec un zele extrême,
Les intérêts du Ciel plus qu'il ne veut lui-même.
Voilà mes gens, voilà comme il en faut user,
Voilà l'exemple, enfin, qu'il se faut proposer.
Votre homme, à dire vrai, n'est pas de ce modele;
C'est de fort bonne-foi que vous vantez son zele,
Mais, par un faux éclat, je vous crois ébloui.

ORGON.

Monsieur mon cher beau-frere, avez-vous tout dit?

CLEANTE.

Oui.

ORGON *s'en allant.*

Je suis votre valet.

CLEANTE.

De grace, un mot, mon frere,
Laissons-là ce discours. Vous sçavez que Valere,
Pour être votre gendre a parole de vous.

ORGON.

Oui.

CLEANTE.

Vous aviez pris jour pour un lien si doux.

ORGON.

Il est vrai.

CLEANTE.

Pourquoi donc en différer la fête?

ORGON.

Je ne sçais.

CLEANTE.

Auriez-vous autre pensée en tête?

ORGON.

Peut-être.

CLEANTE.

Vous voulez manquer à votre foi?

ORGON.

Je ne dis pas cela.

CLEANTE.

Nul obstacle, je croi,
Ne vous peut empêcher d'accomplir vos promesses.

ORGON.
Selon.
CLEANTE.
Pour dire un mot faut-il tant de finesses !
Valere sur ce point me fait vous visiter.
ORGON.
Le Ciel en soit loué.
CLEANTE.
Mais que lui reporter ?
ORGON.
Tout ce qu'il vous plaira.
CLEANTE.
Mais il est nécessaire
De sçavoir vos desseins. Quels sont-ils donc ?
ORGON.
De faire
Ce que le Ciel voudra.
CLEANTE,
Mais parlons tout de bon.
Valere a votre foi. La tiendrez-vous, ou non ?
ORGON.
Adieu.
CLEANTE seul.
Pour son amour je crains une disgrace ;
Et je dois l'avertir de tout ce qui se passe.

Fin du premier Acte.

ACTE II.

SCENE PREMIERE.
ORGON, MARIANE.

ORGON.

Mariane.

MARIANE.
Mon pere.

ORGON.
Approchez. J'ai de quoi
Vous parler en secret.

MARIANE *à Orgon qui regarde dans un cabinet.*
Que cherchez-vous ?

ORGON.
Je voi
Si quelqu'un n'est point-là qui pourroit nous entendre ;
Car ce petit endroit est propre pour surprendre,
Or sus, nous voilà bien. J'ai, Mariane, en vous,
Remarqué de tout tems un esprit assez doux,
Et, de tout tems aussi, vous m'avez été chere.

MARIANE.
Je suis fort redevable à cet amour de pere.

ORGON.
C'est fort bien dit, ma fille ; &, pour le mériter,
Vous devez n'avoir soin que de me contenter.

MARIANE.
C'est où je mets aussi ma gloire la plus haute.

ORGON.
Fort bien. Que dites-nous de Tartuffe notre hôte ?

MARIANE.
Qui ? Moi ?
ORGON.
Vous. Voyez bien comme vous répondrez.
MARIANE.
Hélas ! j'en dirai, moi, tout ce que vous voudrez.

SCENE II.

ORGON, MARIANE, DORINE,
entrant doucement, & se tenant derriere Orgon, sans être vue.

ORGON.
C'Est parler sagement. Dites-moi donc, ma fille,
Qu'en toute sa personne un haut mérite brille,
Qu'il touche votre cœur, & qu'il vous seroit doux
De le voir, par mon choix, devenir votre époux.
Hé ?
MARIANE.
Hé ?
ORGON.
Qu'est-ce ?
MARIANE.
Plaît-il ?
ORGON.
Quoi ?
MARIANE.
Me suis-je méprise ?
ORGON.
Comment ?
MARIANE.
Qui voulez-vous, mon pere, que je dise
Qui me touche le cœur, & qu'il me seroit doux
De voir, par votre choix, devenir mon époux ?

COMÉDIE.

ORGON.
Tartuffe.

MARIANE.
Il n'en est rien, mon pere, je vous jure.
Pourquoi me faire dire une telle imposture ?

ORGON.
Mais je veux que cela soit une vérité ;
Et c'est assez pour vous que je l'aie arrêté.

MARIANE.
Quoi ! vous voulez, mon pere....

ORGON.
Oui, je prétends, ma fille,
Unir par votre hymen, Tartuffe à ma famille.
Il sera votre époux; j'ai résolu cela ;
(appercevant Dorine.)
Et, comme sur vos vœux je..... Que faites-vous là ?
La curiosité, qui vous presse, est bien forte,
M'amie, à nous venir écouter de la sorte ?

DORINE.
Vraiment, je ne sçais pas si c'est un bruit qui part
De quelque conjecture, ou d'un coup de hasard ;
Mais de ce mariage, on m'a dit la nouvelle,
Et j'ai traité cela de pure bagatelle.

ORGON.
Quoi donc ? la chose est-elle incroyable ?

DORINE.
A tel point,
Que vous-même, Monsieur, je ne vous en crois
point.

ORGON.
Je sçais bien le moyen de vous le faire croire.

DORINE.
Oui, oui, vous nous contez une plaisante histoire.

ORGON.
Je conte justement ce qu'on verra dans peu.

DORINE.
Chansons.

ORGON.
Ce que je dis, ma fille, n'eſt point jeu.
DORINE.
Allez, ne croyez point à Monſieur votre pere.
Il raille.
ORGON.
Je vous dis....
DORINE.
Non, vous avez beau faire,
On ne vous croira point.
ORGON,
A la fin, mon courroux....
DORINE.
Hé bien, on vous croit donc, & c'eſt tant pis pour
 vous.
Quoi ! ſe peut-il, Monſieur, qu'avec l'air d'hom-
me ſage
Et cette large barbe au milieu du viſage,
Vous ſoyez aſſez fou pour vouloir....
ORGON.
Ecoutez,
Vous avez pris céans, certaines privautés
Qui ne me plaiſent point ; je vous le dis, m'amie.
DORINE.
Parlons, ſans nous fâcher, Monſieur, je vous ſup-
plie.
Vous moquez-vous des gens, d'avoir fait ce com-
plot ?
Votre fille n'eſt point l'affaire d'un bigot.
Il a d'autres emplois, auxquels il faut qu'il penſe ;
Et puis, que vous apporte une telle alliance ?
A quel ſujet aller, avec tout votre bien,
Choiſir un gendre gueux.
ORGON.
Taiſez-vous. S'il n'a rien,
Sçachez que par-là qu'il faut qu'on le révére.
Sa miſere eſt, ſans doute, une honnête miſere,
Au-deſſus des grandeurs elle doit l'élever,

COMEDIE.

Puifqu'enfin, de fon bien, il s'eft laiffé priver,
Par fon trop peu de foin des chofes temporelles,
Et fa puiffance attache aux chofes éternelles.
Mais mon fecours pourra lui donner les moyens
De fortir d'embarras, & rentrer dans fes biens ;
Ce font fiefs qu'à bon titre au pays on renomme;
Et, tel que l'on le voit, il eft bien gentilhomme.

DORINE.

Oui, c'eft lui qui le dit; & cette vanité,
Monfieur, ne fied pas bien avec la piété.
Qui d'une fainte vie embraffe l'innocence ;
Ne doit pas tant prôner fon nom & fa naiffance ;
Et l'humble procédé de la dévotion,
Souffre mal les éclats de cette ambition,
A quoi bon cet orgueil ?..... Mais ce difcours vous bleffe,
Parlons de fa perfonne, & laiffons fa nobleffe.
Ferez-vous poffeffeur fans quelque peu d'ennui,
D'une fille comme elle, une homme comme lui?
Et ne devez-vous pas fonger aux bienféances,
Et de cette union prévoir les conféquences ?
Sçachez que d'une fille on rifque la vertu,
Lorfque, dans fon hymen, fon goût eft combattu ;
Que le deffein d'y vivre en honnête perfonne,
Dépend des qualités du mari qu'on lui donne ;
Et que ceux, dont par-tout on montre au doigt le front,
Font leurs femmes, fouvent, ce qu'on voit qu'elles font.
Il eft bien difficile enfin d'être fidele,
A de certains maris faits d'un certain modele ;
Et qui donne à fa fille un homme qu'elle hait,
Eft refponfable au Ciel des fautes qu'elle fait.
Songez à quels périls votre deffein vous livre.

ORGON.

Je vous dis qu'il me faut apprendre d'elle à vivre.

DORINE.

Vous n'en feriez que mieux de fuivre mes leçons.

ORGON.
Ne nous amufons point, ma fille, à ces chanfons,
Je fçais ce qu'il vous faut, & je fuis votre pere.
J'avois donné pour vous ma parole à Valere;
Mais, outre qu'à jouer on dit qu'il eft enclin.
Je le foupçonne encor d'être un peu libertin;
Je ne remarque point qu'il hante les Eglifes.
DORINE.
Voulez-vous qu'il y courre à vos heures précifes,
Comme ceux qui n'y vont que pour être apperçus ?
ORGON.
Je ne demande pas votre avis là-deffus.
Enfin, avec le Ciel, l'autre eft le mieux du monde,
Et c'eft une richeffe à nulle autre feconde.
Cet hymen, de tous biens, comblera vos defirs,
Et fera tout confit en douceurss & plaifirs.
Enfemble vous vivrez, dans vos ardeurs fideles,
Comme deux vrais enfans, comme deux tourterelles.
A nul fâcheux débat jamais vous n'en viendrez;
Et vous ferez de lui, tout ce que vous voudrez.
DORINE.
Elle ? elle n'en fera qu'un fot, je vous affure.
ORGON.
Ouais! quels difcours!
DORINE.
Je dis qu'il en a l'encolûre,
Et que fon afcendant, Monfieur, l'emportera
Sur toute la vertu que votre fille aura.
ORGON.
Ceffez de m'interrompre; & fongez à vous taire;
Sans mettre votre nez où vous n'avez que faire.
DORINE.
Je n'en parle Monfieur, que pour votre intérêt.
ORGON.
C'eft prendre trop de foin; taifez-vous, s'il vous
plaît.
DORINE.
Si l'on ne vous aimoit....

COMEDIE.

ORGON.
Je ne veux pas qu'on m'aime.
DORINE.
Et je veux vous aimer, Monsieur, malgré vous-même.
ORGON.
Ah !
DORINE.
Votre honneur m'est cher, & je ne puis souffrir
Qu'aux brocards d'un chacun vous alliez vous offrir.
ORGON.
Vous ne vous tairez point ?
DORINE.
C'est une conscience,
Que de vous laisser faire une telle alliance.
ORGON.
Te tairas-tu, serpent, dont les traits effrontés....
DORINE.
Ah ! vous êtes dévot, & vous vous emportez ?
ORGON.
Oui, ma bile s'échauffe à toutes ces fadaises,
Et, tout résolument, je veux que tu te taises.
DORINE.
Soit. Mais ne disant mot, je n'en pense pas moins.
ORGON.
Pense, si tu le veux ; mais applique tes soins.
(*à sa fille.*)
A ne m'en point parler, ou.... Suffit... Comme sage
J'ai pesé mûrement toutes choses.
DORINE *à part.*
J'enrage,
De ne pouvoir parler.
ORGON.
Sans être Damoiseau,
Tartuffe est fait de sorte....
DORINE *à part.*
Oui, c'est un beau museau.

ORGON.

Que quand tu n'aurois même aucune sympatie
Pour tous les autres dons...

DORINE à part.

La voilà bien lottie!

(*Orgon se tourne du côté de Dorine; & les deux
bras croisés, l'écoute & la regarde en face.*)

Si j'étois en sa place, un homme, assurément,
Ne m'épouseroit pas de force, impunément,
Et je lui ferois voir, bientôt après la fête,
Qu'une femme a toujours une vengeance prête.

ORGON à Dorine.

Donc, de ce que je dis, on ne fera nul cas?

DORINE.

De quoi vous plaignez-vous? Je ne vous parle pas.

ORGON.

Qu'est-ce que tu fais donc?

DORINE.

Je me parle à moi-même.

ORGON.

(*à part.*)

Fort bien. Pour châtier son insolence extrême,
Il faut que je lui donne un revers de ma main.

(*Il se met en posture de donner un soufflet à Dorine;
& à chaque mot qu'il dit à sa fille, il se retourne
pour regarder Dorine qui se tient droite sans parler.*)

Ma fille, vous devez approuver mon dessein....
Croire que le mari... que j'ai sçu vous élire...

(*à Dorine.*)

Que ne te parles-tu?

DORINE.

Je n'ai rien à me dire.

ORGON.

Encore un petit mot.

DORINE.

Il ne me plaît pas, moi.

ORGON.

Certes, je t'y guettois.

DORINE.

DORINE.

Quelque sotte, ma foi.

ORGON.

Enfin, ma fille, il faut payer d'obéissance,
Et montrer, pour mon choix, entiere déférence.

DORINE *en s'enfuyant.*

Je me moquerois fort de prendre un tel époux.

ORGON *après avoir manqué de donner un soufflet à Dorine.*

Vous avez là, ma fille, une peste avec vous,
Avec qui, sans péché, je ne sçaurois plus vivre.
Je me sens hors d'état maintenant de poursuivre ?
Ses discours insolens m'ont mis l'esprit en feu,
Et je vais prendre l'air, pour me rasseoir un peu.

SCENE III.

MARIANE, DORINE.

DORINE.

Avez-vous donc perdu, dites-moi, la parole ?
Et faut-il qu'en ceci je fasse votre rôle ?
Souffrir qu'on vous propose un projet insensé,
Sans que du moindre mot vous l'ayez repoussé ?

MARIANE.

Contre un pere absolu, que veux-tu que je fasse ?

DORINE.

Ce qu'il faut pour parer une telle menace.

MARIANE.

Quoi ?

Tome IV.   K

DORINE.

Lui dire qu'un cœur n'aime point par autrui;
Que vous vous mariez pour vous, non pas pour lui;
Qu'étant celle, pour qui se fait toute l'affaire,
C'est à vous, non à lui, que le mari doit plaire;
Et que, si son Tartuffe est pour lui si charmant,
Il le peut épouser sans nul empêchement.

MARIANE.

Un pere, je l'avoue, a sur nous tant d'empire,
Que je n'ai jamais eu la force de rien dire.

DORINE.

Mais raisonnons. Valere a fait pour vous des pas,
L'aimez-vous, je vous prie, ou ne l'aimez-vous pas ?

MARIANE.

Ah ! Qu'envers mon amour, ton injustice est grande,
Dorine ! Me dois-tu faire cette demande ?
T'ai-je pas, là-dessus, ouvert cent fois mon cœur ?
Et sçais-tu pas, pour lui, jusqu'où va mon ardeur ?

DORINE.

Que sçais-je si le cœur a parlé par la bouche ;
Et si c'est, tout de bon, que cet amant vous touche,

MARIANE.

Tu me fais un grand tort, Dorine, d'en douter,
Et mes vrais sentimens ont sçu trop éclater.

DORINE.

Enfin, vous l'aimez donc ?

MARIANE.

Oui, d'une ardeur extrême.

DORINE.

Et, selon l'apparence, il vous aime de même ?

MARIANE.

Je le crois.

COMEDIE.

DORINE.
Et tous deux brûlez également
De vous voir mariés enſemble?
MARIANE.
Aſſurément.
DORINE
Sur cette autre union, quel eſt donc votre attente?
MARIANE.
De me donner la mort, ſi l'on me violente.
DORINE.
Fort bien. C'eſt un recours où je ne ſongeois pas.
Vous n'avez qu'à mourir, pour ſortir d'embarras.
Le remede, ſans doute, eſt merveilleux. J'enrage,
Lorſque j'entends tenir ces ſortes de langage.
MARIANE.
Mon Dieu! De quel humeur, Dorine, tu te rends!
Tu ne compatis point aux déplaiſirs des gens.
DORINE.
Je ne compatis point à qui dit des ſornettes,
Et, dans l'occaſion, mollit, comme vous faites.
MARIANE.
Mais que veux-tu? Si j'ai de la timidité.
DORINE.
Mais l'amour, dans un cœur, veut de la fermeté.
MARIANE.
Mais n'en gardai-je pas pour les feux de Valere,
Et n'eſt-ce pas à lui de m'obtenir d'un pere?
DORINE.
Mais quoi! Si votre pere eſt un bourru fieffé;
Qui s'eſt de ſon Tartuffe entiérement coëffé,
Et manque à l'union qu'il avoit arrêtée,
La faute, à votre amant, doit-elle être imputée?
MARIANE.
Mais, par un haut refus, & d'éclatans mépris,
Ferai-je, dans mon choix, voir un cœur trop épris?
Sortirai-je pour lui, quelque éclat dont il brille,
De la pudeur du ſexe, & du devoir de fille?
Et veux-tu que mes feux par le monde étalés...

K 2

DORINE.

Non, non, je ne veux rien. Je vois que vous voulez
Etre à Monsieur Tartuffe ; &, j'aurois, quand j'y pense,
Tort de vous détourner d'une telle alliance.
Quelle raison aurois-je à combattre vos vœux ?
Le parti de soi-même, est fort avantageux.
Monsieur Tartuffe ! Oh, oh ! N'est-ce rien qu'on propose ?
Certes, Monsieur Tartuffe, à bien prendre la chose,
N'est pas un homme, non, qui se mouche du pied,
Et ce n'est pas peu d'heur que d'être sa moitié,
Tout le monde déjà de gloire le couronne,
Il est noble chez lui, bien fait de sa personne,
Il a l'oreille rouge, & le teint bien fleuri ;
Vous vivrez trop contente avec un tel mari.

MARIANE.

Mon Dieu...

DORINE.

Quelle allégresse aurez-vous dans votre ame,
Quand, d'un époux si beau, vous vous verez la femme !

MARIANE.

Ah ! Cesse je te prie un semblable discours ;
Et contre cet hymen, ouvre-moi du secours.
C'en est fait, je me rends, & suis prête à tout faire.

DORINE.

Non, il faut qu'une fille obéisse à son pere,
Voulût-il lui donner un singe pour époux.
Votre sort est fort beau. De quoi vous plaignez-vous ?
Vous irez pas le coche en sa petite ville,
Qu'en oncles & cousins, vous trouverez fertile ;
Et vous vous plairez fort à les entretenir.
D'abord chez le beau monde on vous fera venir.
Vous irez visiter pour votre bien venue,
Madame la Baillive, & Madame l'Elue,
Qui d'un siege pliant vous feront honorer.

Là, dans le carnaval, vous pourrez eſpérer
Le bal, & la grand'bande, à ſçavoir, deux muſettes,
Et, par foi, Fagotin & les marionettes;
Si pourtant votre époux...
MARIANE.
Ah! Tu me fais mourir
De tes conſeils, plutôt, ſonge à me ſecourir.
DORINE.
Je ſuis votre ſervante.
MARIANE.
Hé, Dorine, de grace....
DORINE.
Il faut, pour vous punir, que cette affaire paſſe.
MARIANE.
Ma pauvre fille!
DORINE.
Non.
MARIANE.
Si mes vœux déclarés...
DORINE.
Point. Tartuffe eſt votre homme, & vous en tâterez.
MARIANE.
Tu ſçais qu'à toi, toujours, je me ſuis confiée.
Fais-moi...
DORINE
Non. Vous ſerez, ma foi, tartuffiée.
MARIANE.
Hé bien, puiſque mon ſort ne ſçauroit t'émouvoir,
Laiſſe-moi déſormais toute à mon déſeſpoir.
C'eſt de lui que mon cœur empruntera de l'aide;
Et je ſçais de mes maux l'infaillible remede.
(*Mariane veut s'en aller.*)
DORINE.
Hé, là, là revenez. Je quitte mon courroux.
Il faut, nonobſtant tout, avoir pitié de vous.

LE TARTUFE,
MARIANE.
Vois-tu, si l'on m'expose à ce cruel martyre,
Je te le dis, Dorine, il faudra que j'expire.
DORINE.
Ne vous tourmentez point. On peut adroitement
Empêcher... Mais voici Valere votre amant.

SCENE IV.

VALERE, MARIANE.
DORINE.

VALERE.

ON vient de débiter, Madame, une nouvelle,
Que je ne sçavois pas, & qui, sans doute, est belle.
MARIANE.
Quoi !
VALERE.
Que vous épousez Tartuffe.
MARIANE.
       Il est certain
Que mon pere s'est mis en tête ce dessein.
VALERE.
Votre pere, Madame...
MARIANE.
       A changé de visée.
La chose vient par lui de m'être proposée.
VALERE.
Quoi, sérieusement ?
MARIANE.
       Oui, sérieusement.
Il s'est pour cet Hymen déclaré hautement.

COMEDIE.

VALERE.

Et quel est le dessein où votre ame s'arrête,
Madame ?

MARIANE.

Je ne sçais.

VALERE.

La réponse est honnête.

Vous ne sçavez ?

MARIANE.

Non.

VALERE.

Non ?

MARIANE.

Que me conseillez-vous ?

VALERE.

Je vous conseille, moi, de prendre cet époux.

MARIANE.

Vous me le conseillez ?

VALERE.

Oui.

MARIANE.

Tout de bon ?

VALERE.

Sans doute.
Le choix est glorieux, & vaut bien qu'on l'écoute.

MARIANE.

Hé bien, c'est un conseil, Monsieur, que je reçois.

VALERE.

Vous n'aurez pas grand'peine à le suivre, je crois.

MARIANE.

Pas plus qu'à le donner en a souffert votre ame.

VALERE.

Moi, je vous l'ai donné pour vous plaire, Madame.

MARIANE.

Et moi je le suivrai, pour vous faire plaisir.

DORINE *se retirant dans le fond du Théatre.*

Voyons ce qui pourra de ceci réussir.

K 4

VALERE.
C'eſt donc ainſi qu'on aime ? & c'étoit tromperie,
Quand vous...
MARIANE.
Ne parlons point de cela, je vous prie.
Vous m'avez dit, tout franc, que je dois accepter
Celui que, pour époux, on me veut preſenter ;
Et je déclare, moi, que je prétends le faire,
Puiſque vous m'en donnez le conſeil ſalutaire.
VALERE.
Ne vous excuſez point ſur mes intentions.
Vous aviez pris déjà vos réſolutions ;
Et vous vous ſaiſiſſez d'un prétexte frivole,
Pour vous autoriſer à manquer de parole.
MARIANE.
Il eſt vrai, c'eſt bien dit.
VALERE.
Sans doute ; & votre cœur
N'a jamais eu pour moi de véritable ardeur.
MARIANE.
Hélas ! Permis à vous d'avoir cette penſée.
VALERE.
Oui, oui, permis à moi ; mais mon ame offenſée
Vous préviendra, peut-être, en un pareil deſſein ;
Et je ſçais où porter, & mes vœux, & ma main.
MARIANE.
Ah ! Je n'en doute point ; & les ardeurs qu'excite
Le mérite...
VALERE.
Mon Dieu ! Laiſſons-là le mérite,
J'en ai fort peu, ſans doute, & vous en faites foi.
Mais j'eſpere aux bontés qu'une autre aura pour
  moi ?
Et j'en ſçais de qui l'ame, à ma retraite ouverte,
Conſentira, ſans honte, à réparer ma perte.
MARIANE.
La perte n'eſt pas grande ; & de ce changement,
Vous vous conſolerez aſſez facilement.

COMEDIE.
VALERE.
J'y ferai mon possible, & vous le pouvez croire;
Un cœur qui nous oublie, engage notre gloire,
Il faut, à l'oublier, mettre aussi tous nos soins ;
Si l'on n'en vient à bout, on le doit feindre au moins;
Et cette lâcheté jamais ne se pardonne,
De montrer de l'amour pour qui nous abandonne.

MARIANE.
Ce sentiment, sans doute, est noble & relevé.

VALERE.
Fort bien ; &, d'un chacun, il doit être approuvé.
Hé quoi ! Vous voudriez qu'à jamais, dans mon ame,
Je gardasse pour vous les ardeurs de ma flamme ?
Et vous visse, à mes yeux, passer en d'autres bras,
Sans mettre ailleurs un cœur dont vous ne voulez pas ?

MARIANE.
Au contraire, pour moi, c'est ce que je souhaite
Et je voudrois déjà que la chose fût faite.

VALERE.
Vous le voudriez ?

MARIANE.
Oui.

VALERE.
C'est assez m'insulter,
Madame ; &, de ce pas, je vais vous contenter.
(*Il fait un pas pour s'en aller.*)

MARIANE.
Fort bien.

VALERE *revenant.*
Souvenez-vous au moins, que c'est vous-même
Qui contraignez mon cœur à cet effort extrême.

MARIANE.
Oui.

LE TARTUFFE,

VALERE *revenant encore.*

Et que le dessein que mon ame conçoit,
N'est rien qu'à votre exemple.

MARIANE.

A mon exemple, soit.

VALERE *en sortant.*

Suffit. Vous allez être à point nommé servie.

MARIANE.

Tant mieux.

VALERE *revenant encore.*

Vous me voyez, c'est pour toute ma vie.

MARIANE.

A la bonne heure.

VALERE *se retournant lorsqu'il est prêt à sortir.*

Hé ?

MARIANE.

Quoi ?

VALERE.

Ne m'appellez-vous pas ?

MARIANE.

Moi ? Vous rêvez.

VALERE.

Hé bien, je poursuis donc mes pas.
Adieu, Madame.

(*Il s'en va lentement.*)

MARIANE.

Adieu, Monsieur.

DORINE *à Mariane.*

Pour moi, je pense
Que vous perdez l'esprit par cette extravagance ;
Et je vous ai laissés tout du long quereller,
Pour voir où tout cela pourroit enfin aller.
Holà, Seigneur Valere.

(*Elle arrête Valere par le bras.*)

COMEDIE.

VALERE *feignant de résister.*
Hé, que veut-tu, Dorine?
DORINE.
Venez ici.
VALERE.
Non, non, le dépit me domine.
Ne me détourne point de ce qu'elle a voulu.
DORINE.
Arrêtez.
VALERE.
Non, vois-tu, c'est un point résolu.
DORINE.
Ah!
MARIANE *à part.*
Il souffre à me voir, ma présence le chasse;
Et je ferai bien mieux de lui quitter la place.
DORINE *quittant Valere, & courant après Mariane.*
A l'autre. Où courez-vous?
MARIANE.
Laisse.
DORINE.
Il faut revenir.
MARIANE.
Non, non, Dorine, en vain tu me veux retenir.
VALERE *à part.*
Je vois bien que ma vue est pour elle un supplice,
Et, sans doute, il vaut mieux que je l'en affranchisse.
DORINE *quittant Mariane & courant après Valere.*
Encor? Diantre soit fait de vous! Si... Je le veux.
Cessez ce badinage, & venez-çà tous deux.
(*Elle prend Valere & Mariane par la main & les ramene.*)
VALERE *à Dorine.*
Mais quel est ton dessein?

MARIANE à Dorine.
Qu'est-ce que tu veux faire ?
DORINE.
Vous bien remettre ensemble, & vous tirer d'affaire.
(à Valere.)
Etes-vous fou, d'avoir un pareil démêlé ?
VALERE.
N'as-tu pas entendu comme elle m'a parlé ?
DORINE à Mariane.
Etes-vous folle, vous, de vous être emportée ?
MARIANE.
N'as-tu pas vû la chose, & comme il m'a traitée ?
DORINE.
(à Valere.)
Sottise des deux parts. Elle n'a d'autre soin,
Que de se conserver à vous, j'en suis témoin.
(à Mariane.)
Il n'aime que vous seule, & n'a point d'autre envie,
Que d'être votre époux, j'en réponds sur ma vie.
MARIANE à Valere.
Pourquoi donc me donner un semblable conseil ?
VALERE à Mariane.
Pourquoi m'en demander sur un sujet pareil ?
DORINE.
Vous êtes fou tous deux. Ça, la main, l'un & l'autre
(à Valere.)
Allons, vous.
VALERE en donnant sa main à Dorine.
A quoi bon ma main ?
DORINE.
(à Mariane.)
Ah ! ça, la vôtre.
MARIANE en donnant aussi sa main.
De quoi sert tout cela ?
DORINE.
Mon Dieu ! vîte, avancez,
Vous vous a:mez tous deux plus que vous ne pensez.

COMEDIE. 229

(*Valere & Mariane se tiennent quelque-tems par la main sans se regarder.*)

VALERE *se tournant vers Mariane.*

Mais ne faites donc point les choses avec peine ;
Et regardez un peu les gens sans nulle haine.

(*Mariane se tourne du côté de Valere en lui souriant.*)

DORINE.

A vous dire le vrai, les amans sont bien fous !

VALERE *à Mariane.*

Oh, ça, n'ai-je pas lieu de me plaindre de vous ?
Et, pour n'en point mentir, n'êtes-vous point méchante
De vous plaire à me dire une chose affligeante ?

MARIANE.

Mais, vous, n'êtes-vous pas l'homme le plus ingrat...

DORINE.

Pour un autre saison, laissons tout ce débat,
Et songeons à parer ce fâcheux mariage.

MARIANE.

Dis-nous donc quels ressorts il faut mettre en usage.

DORINE.

Nous en feront agir de toutes les façons.

(*à Mariane.*)   (*à Valere.*)

Votre pere se moque, & ce sont des chansons.

(*à Mariane.*)

Mais, pour vous, il vaut mieux qu'à son extravagance,
D'un doux consentement vous prêtiez l'apparence,
Afin qu'en cas d'alarme, il vous soit plus aisé
De tirer en longueur cette hymen proposé.
En attrapant du tems, à tout on remédie.
Tantôt vous payerez de quelque maladie,
Qui viendra tout à coup, & voudra des délais ;
Tantôt vous payerez de présage mauvais,
Vous aurez fait d'un mort la rencontre fâcheuse,
Cassé quelque miroir, ou songé d'eau bourbeuse.
Enfin, le bon de tout, c'est qu'à d'autre qu'à lui,

On ne peut vous lier, que vous ne disiez oui.
Mais pour mieux réussir; il est bon ce me semble,
Qu'on ne vous trouve point, tout deux parlant ensemble.
 (*à Valere.*)
Sortez; &, sans tarder, employez vos amis
Pour vous faire tenir ce qu'on vous a promis.
 (*à Mariane.*)
Nous allons réveiller les efforts de son frere;
Et, dans notre parti, jetter la belle-mere.
Adieu.

VALERE *à Mariane.*
Quelques efforts que nous préparions tous,
Ma plus grande espérance, à vrai dire, est en vous.

MARIANE *à Valere.*
Je ne vous réponds pas des volontés d'un pere;
Mais je ne serai point à d'autre qu'à Valere.

VALERE.
Que vous me comblez d'aise! & quoi que puisse oser...

DORINE.
Ah! jamais les amans ne sont las de jaser,
Sortez, vous dis-je.

VALERE *revenant sur ses pas.*
Enfin...

DORINE.
Quel caquet est le vôtre!
Tirez de cette part; & vous, tirez de l'autre.
(*Dorine les pousse chacun par l'épaule, & les oblige de se retirer.*)

Fin du second Acte.

ACTE III.

SCENE PREMIERE.
DAMIS, DORINE.
DAMIS.

Que la foudre, sur l'heure, acheve mes destins,
Qu'on me traite par-tout du plus grand des faquins,
S'il est aucun respect, ni pouvoir qui m'arrête,
Et si je ne fais pas quelque coup de ma tête.
DORINE.
De grace, modérez un tel emportement.
Votre pere n'a fait qu'en parler simplement;
On n'exécute pas tout ce qui se propose;
Et le chemin est long, du projet à la chose.
DAMIS.
Il faut que de ce fat j'arrête les complots,
Et qu'à l'oreille, un peu, je lui dise deux mots.
DORINE.
Ah ! tout doux. Envers lui, comme envers votre pere,
Laissez agir les soins de votre belle-mere.
Sur l'esprit de Tartuffe, elle a quelque crédit;
Il se rend complaisant à tout ce qu'elle dit:
Et pourroit bien avoir douceur de cœur pour elle.
Plut à Dieu qu'il fût vrai ! la chose seroit belle.
Enfin, votre intérêt l'oblige à le mander;
Sur l'hymen qui vous trouble, elle veut le sonder,
Sçavoir ses sentimens, & lui faire connoître,
Quels fâcheux démêlés il pourra faire naître,
S'il faut qu'à ce dessein il prête quelque espoir,

LE TARTUFFE,

Son valet dit qu'il prie, & je n'ai pu le voir!
Mais ce valet m'a dit qu'il s'en alloit descendre,
Sortez donc, je vous prie, & me laissez l'attendre.

DAMIS.
Je puis être présent à tout cet entretien.

DORINE.
Point. Il faut qu'ils soient seuls.

DAMIS.
Je ne lui dirai rien.

DORINE.
Vous vous moquez. On sçait vos transports ordinaires,
Et c'est le vrai moyen de gâter les affaires.
Sortez.

DAMIS.
Non. Je veux voir, sans me mettre en courroux.

DORINE.
Que vous êtes fâcheux! Il vient. Retirez-vous.
(*Damis va se cacher dans un cabinet qui est au fond du Théatre.*)

SCENE II.
TARTUFFE, DORINE.

TARTUFFE *parlant haut à son valet qui est dans la maison, dès qu'il apperçoit Dorine.*

Laurent, serrez ma haire, avec ma discipline,
Et priez que toujours le Ciel vous illumine.
Si l'on vient pour me voir, je vais aux prisonniers,
Des aumônes que j'ai, partager les deniers.

DORINE à part.
Que d'affectation & de forfanterie!

TARTUFFE.
Que voulez-vous.

COMEDIE.

DORINE.
Vous dire...

TARTUFFE *tirant un mouchoir de sa poche.*
Ah ! Mon Dieu ! Je vous prie,
Avant que de parler, prenez-moi ce mouchoir.

DORINE.
Comment ?

TARTUFFE.
Couvrez ce sein que je ne sçaurois voir.
Par de pareils objets les ames sont blessées,
Et cela fait venir de coupables pensées.

DORINE.
Vous êtes donc bien tendre à la tentation,
Et la chair sur vos sens fait grande impression ?
Certes, je ne sçais pas quelle chaleur vous monte ;
Mais à convoiter, moi je ne suis pas si prompte ;
Et je vous verrois nud, du haut jusques en bas,
Que toute votre peau ne me tenteroit pas.

TARTUFFE.
Mettez dans vos discours un peu de modestie,
Ou je vais sur le champ, vous quitter la partie.

DORINE.
Non, non, c'est moi qui vais vous laisser en repos,
Et je n'ai seulement qu'à vous dire deux mots.
Madame va venir dans cette salle basse,
Et d'un mot d'entretien vous demande la grace.

TARTUFFE.
Hélas ! Très-volontiers.

DORINE *à part.*
Comme il se radoucit !
Ma foi, je suis toujours pour ce que j'en ai dit.

TARTUFFE.
Viendra-t-elle bientôt ?

DORINE.
Je l'entends, ce me semble.
Oui, c'est elle en personne, & je vous laisse ensemble.

SCENE III.
ELMIRE, TARTUFFE.

TARTUFFE.

Que le Ciel à jamais, par sa toute bonté,
Et de l'ame & du corps vous donne la santé,
Et beniſſe vos jours, autant que je desire
Le plus humble de ceux que son amour inspire.

ELMIRE.

Je suis fort obligée à ce souhait pieux;
Mais prenons une chaise, afin d'être un peu mieux.

TARTUFFE *aſſis.*

Comment, de votre mal, vous ſentez-vous remiſe?

ELMIRE *aſſiſe.*

Fort bien; & cette fievre a bientôt quitté priſe.

TARTUFFE.

Mes prieres n'ont pas le mérite qu'il faut,
Pour avoir attiré cette grace d'en haut;
Mais je n'ai fait au Ciel nulle dévote inſtance,
Qui n'ait eu pour objet votre convaleſcence.

ELMIRE.

Votre zèle pour moi s'eſt trop inquiété.

TARTUFFE.

On ne peut trop chérir votre chere ſanté;
Et, pour la rétablir, j'aurois donné la mienne.

ELMIRE.

C'eſt pouſſer bien avant la charité chrétienne,
Et je vous dois beaucoup pour toutes ces bontés.

TARTUFFE.

Je fais bien moins pour vous, que vous ne méritez.

ELMIRE.

J'ai voulu vous parler en secret d'une affaire,
Et ſuis bien aiſe, ici, qu'aucun ne nous éclaire.

COMEDIE.
TARTUFFE.
J'en suis ravi de même ; &, sans doute, il m'est doux,
Madame, de me voir seul à seul avec vous.
C'est une occasion qu'au Ciel j'ai demandée,
Sans que, jusqu'à cette heure, il me l'ait accordée.
ELMIRE.
Pour moi, ce que je veux, c'est un mot d'entretient,
Où tout votre cœur s'ouvre, & ne me cache rien.

(*Damis, sans se montrer, entr'ouvre la porte du cabinet dans lequel il s'étoit retiré, pour entendre la conversation.*)

TARTUFFE.
Et je ne veux aussi, pour grace singuliere,
Que montrer à vos yeux mon ame toute entiere ;
Et vous faire serment, que les bruits que j'ai faits
Des visites qu'ici reçoivent vos attraits,
Ne sont pas envers vous, l'effet d'aucune haine,
Mais plutôt d'un transport de zèle qui m'entraîne,
Et d'un pur mouvement....
ELMIRE.
     Je le prends bien aussi,
Et crois que mon salut vous donne ce souci.
TARTUFFE *prenant la main d'Elmire, & lui serrant les doigts.*
Oui, Madame, sans doute, & ma ferveur est telle....
ELMIRE.
Ouf, vous me serrez trop.
TARTUFFE.
     C'est par excès de zèle.
De vous faire aucun mal, je n'eus jamais dessein ;
Et j'aurois bien plutôt...

(*Il met la main sur les genoux d'Elmire.*)
ELMIRE.
    Que fait là votre main ?
TARTUFFE.
Je tâte votre habit, l'étoffe en est moëlleuse.
ELMIRE.
Ah! de grace, laissez, je suis fort chatouilleuse.

(*Elmire recule son fauteuil, & Tartuffe se rapproche d'elle.*)
TARTUFFE *maniant le fichu d'Elmire.*
Mon Dieu ! Que de ce point l'ouvrage est merveilleux !
On travaille aujourd'hui d'un air miraculeux ;
Jamais, en toute chose, on n'a vu si bien faire.
ELMIRE.
Il est vrai. Mais parlons un peu de notre affaire.
On tient que mon mari veut dégager sa foi,
Et vous donne sa fille. Est-il vrai ? Dites-moi.
TARTUFFE.
Il m'en a dit deux mots ; mais, Madame, à vrai dire,
Ce n'est pas le bonheur après quoi je soupire,
Et je vois autre part les merveilleux attraits
De la félicité qui fait tous mes souhaits.
ELMIRE.
C'est que vous n'aimez rien des choses de la terre.
TARTUFFE.
Mon sein n'enferme pas un cœur qui soit de pierre.
ELMIRE.
Pour moi, je crois qu'au Ciel tendent tous vos soupirs,
Et que rien ici bas, n'arrête vos desirs.
TARTUFFE.
L'amour qui nous attache aux beautés éternelles,
N'étouffe pas en nous l'amour des temporelles.
Nos sens, facilement, peuvent être charmés
Des ouvrages parfaits que le ciel a formés.
Ses attraits réfléchis brillent dans vos pareilles ;
Mais il étale en vous ses plus rares merveilles.
Il a sur votre face, épanché des beautés,
Dont les yeux sont surpris, & les cœurs transportés ;
Et je n'ai pu vous voir parfaite créature,
Sans admirer en vous l'Auteur de la nature,
Et d'un ardent amour sentir mon cœur atteint,
Au plus beau des portraits, où lui-même il s'est peint.
D'abord j'appréhendai que cette ardeur secrette

Ne fut du noir esprit une surprise adroite;
Et même, à fuir vos yeux, mon cœur se résolut,
Vous croyant un obstacle à faire mon salut.
Mais enfin je connus, ô beauté toute aimable,
Que cette passion peut n'être point coupable;
Que je puis l'ajuster avecque la pudeur,
Et c'est ce qui m'y fait abandonner mon cœur.
Ce m'est, je le confesse, une audace bien grande,
Que d'oser de ce cœur vous adresser l'offrande;
Mais j'attends, en mes vœux, tout de votre bonté,
Et rien des vains efforts de mon infirmité.
En vous est mon espoir, mon bien, ma quiétude,
De vous dépend ma peine, ou ma béatitude;
Et je vais être enfin, par votre seul arrêt,
Heureux, si vous voulez ; malheureux, s'il vous plaît.

ELMIRE.

La déclaration est tout-à-fait galante,
Mais elle est, à vrai dire, un peu bien surprenante.
Vous deviez, ce me semble, armer mieux votre sein,
Et raisonner un peu sur un pareil dessein.
Un dévot comme vous, & que par-tout on nomme...

TARTUFFE.

Ah, pour être dévot, je n'en suis pas moins homme;
Et lorsqu'on vient à voir vos célestes appas,
Un cœur se laisse prendre, & ne raisonne pas.
Je sçais qu'un tel discours de moi paroît étrange,
Mais, Madame, après tout, je ne suis pas un ange;
Et si vous condamnez l'aveu que je vous fais,
Vous devez vous en prendre à vos charmans attraits.
Dès que j'en vis briller la splendeur plus qu'humaine,
De mon intérieur vous fûtes souveraine ;
De vos regards divins l'ineffable douceur,
Força la résistance où s'obstinoit mon cœur;
Elle surmonta tout, jeûnes, prieres, larmes,
Et tourna tous mes vœux du côté de vos charmes.
Mes yeux & mes soûpirs, vous l'ont dit mille fois;

Et, pour mieux m'expliquer, j'emploie ici la voix.
Que si vous contemplez d'une ame un peu bénigne,
Les tribulations de votre esclave indigne;
S'il faut que vos bontés veuillent me consoler,
Et jusqu'à mon néant daignent se ravaler,
J'aurai toujours pour vous, ô suave merveille,
Une dévotion à nulle autre pareille.
Votre honneur, avec moi, ne court point de hasard,
Et n'a nulle disgrace à craindre de ma part.
Tous ces galans de Cour, dont les femmes sont folles,
Sont bruyans dans leurs faits, & vains dans leurs paroles ;
De leurs progrès, sans cesse, on les voit se targuer ;
Ils n'ont point de faveurs qu'ils n'aillent divulguer,
Et leur langue indiscrette, en qui l'on se confie,
Deshonore l'Autel où leur cœur sacrifie.
Mais les gens comme nous, brûlent d'un feu discret,
Avec qui, pour toujours, on est sûr du secret.
Le soin que nous prenons de notre renommée,
Répond de toute chose à la personne aimée,
Et c'est en nous qu'on trouve, acceptant notre cœur,
De l'amour sans scandale, & du plaisir sans peur.

ELMIRE.

Je vous écoute dire; & votre rhétorique,
En termes assez forts, à mon ame s'explique.
N'appréhendez-vous point que je ne sois d'humeur
A dire à mon mari cette galante ardeur ?
Et que le prompt avis d'un amour de la sorte,
Ne pût bien altérer l'amitié qu'il vous porte ?

TARTUFFE.

Je sçais que vous avez trop de bénignité,
Et que vous ferez grace à ma témérité ;
Que vous m'excuserez, sur l'humaine foiblesse ;
Des violens transports d'un amour qui vous blesse ;
Et considérerez, en regardant votre air,
Que l'on n'est pas aveugle, & qu'un homme est de chair.

ELMIRE.
D'autres prendroient cela d'autre façon peut-être;
Mais ma discrétion veut se faire paroître.
Je ne redirai point l'affaire à mon époux;
Mais je veux, en revanche, une chose de vous.
C'est de presser tout franc, & sans nulle chicane,
L'union de Valere avecque Mariane,
De renoncer vous-même à l'injuste pouvoir
Qui veut du bien d'un autre enrichir votre espoir,
Et.....

SCENE IV.
ELMIRE, DAMIS, TARTUFFE.

DAMIS *sortant du cabinet où il s'étoit retiré.*

Non, Madame, non, ceci doit se répandre.
J'étois en cet endroit d'où j'ai pu tout entendre;
Et la bonté du Ciel m'y semble avoir conduit,
Pour confondre l'orgueil d'un traître qui me nuit;
Pour m'ouvrir une voie à prendre la vengeance
De son hypocrisie & de son insolence;
A détromper mon pere, & lui mettre en plein jour
L'ame d'un scélérat, qui vous parle d'amour.
ELMIRE.
Non, Damis. Il suffit qu'il se rende plus sage,
Et tâche à mériter la grace où je m'engage.
Puisque je l'ai promis, ne m'en dédites pas.
Ce n'est point mon humeur de faire des éclats;
Une femme se rit de sottises pareilles,
Et jamais d'un mari n'en trouble les oreilles.
DAMIS.
Vous avez vos raisons pour en user ainsi;
Et, pour faire autrement, j'aime les miennes aussi.
Le vouloir épargner est une raillerie;

Et l'infolent orgueil de fa cagoterie,
N'a triomphé que trop de mon jufte courroux,
Et que trop excité de défordre chez nous.
Le fourbe, trop long-tems, a gouverné mon pere,
Et defservi mes feux, avec ceux de Valere.
Il faut que du perfide il foit défabufé,
Et le Ciel, pour cela, m'offre un moyen aifé.
De cette occafion, je lui fuis redevable,
Et, pour la négliger elle eft trop favorable.
Ce feroit mériter qu'il me la vînt ravir,
Que de l'avoir en main, & ne m'en pas fervir.

ELMIRE.

Damis....

DAMIS.

Non, s'il vous plaît, il faut que je me croie.
Mon ame eft maintenant au comble de fa joie,
Et vos difcours, en vain, prétendent m'obliger
A quitter le plaifir de me pouvoir venger.
Sans aller plus avant, je vais vuider l'affaire,
Et voici juftement de quoi me fatisfaire.

SCENE V.

ORGON, ELMIRE, DAMIS, TARTUFFE.

DAMIS.

Nous allons régaler, mon pere, votre abord
D'un incident tout frais, qui vous furprendra fort.
Vous êtes bien payé de toutes vos careffes;
Et Monfieur, d'un beau prix, reconnoît vos ten-
    dreffes,
Son grand zèle, pour vous, vient de fe déclarer;
Il ne va pas à moins, qu'à vous deshonorer;

Et

COMEDIE.

Et je l'ai surpris là, qui faisoit à Madame
L'injurieux aveu d'une coupable flamme.
Elle est d'une humeur douce, & son cœur trop dis-
   cret
Vouloit, à toute force, en garder le secret ;
Mais je ne puis flatter une telle impudence,
Et crois que vous la taire, est vous faire une offense.

ELMIRE.

Oui. Je tiens que jamais, en tous ces vains propos,
On ne doit d'un mari traverser le repos ;
Que ce n'est point delà que l'honneur peut dé-
   pendre,
Et qu'il suffit pour nous, de sçavoir nous défendre.
Ce sont mes sentimens ; & vous n'auriez rien dit,
Damis, si j'avois eu sur vous quelque crédit.

SCENE VI.

ORGON, DAMIS, TARTUFFE.

ORGON.

Ce que je viens d'entendre, ô Ciel ! est-il croya-
   ble ?

TARTUFFE.

Oui, mon frere, je suis un méchant, un coupable,
Un malheureux pécheur, tout plein d'iniquité,
Le plus grand scélérat qui ait jamais été.
Chaque instant de ma vie est chargé de souillures.
Elle n'est qu'un amas de crimes & d'ordures ;
Et je vois que le Ciel, pour ma punition,
Me veut mortifier en cette occasion.
De quelque grand forfait qu'on me puisse reprendre,
Je n'ai garde d'avoir l'orgueil de m'en défendre.
Croyez ce qu'on vous dit, armez votre courroux,
Et, comme un criminel, chassez-moi de chez vous.

Je ne saurois avoir trop de honte en partage,
Que je n'en aie encor mérité davantage.
ORGON à son fils.
Ah ! Traître, oses-tu bien, par cette fausseté,
Vouloir de sa vertu ternir la pureté ?
DAMIS.
Quoi ! La feinte douceur de cette ame hypocrite,
Vous fera démentir...
ORGON.
      Tai-toi, peste maudite.
TARTUFFE.
Ah ! laissez-le parler, vous l'accusez à tort,
Et vous ferez bien mieux de croire à son rapport.
Pourquoi, sur un tel fait, m'être si favorable ?
Sçavez-vous, après tout, de quoi je suis capable ?
Vous fiez-vous, mon frere, à mon extérieur ?
Et, pour tout ce qu'on voit, me croyez-vous meilleur ?
Non, non, vous vous laissez tromper à l'apparence,
Et je ne suis rien moins, hélas ! que ce qu'on pense.
Tout le monde me prend pour un homme de bien ;
Mais la vérité pure est que je ne vaux rien.
  (s'adressant à Damis.)
Oui, mon cher fils, parlez, traitez-moi de perfide
D'infame, de perdu, de voleur, d'homicide,
Accablez-moi de noms encor plus détestés,
Je n'y contredis point, je les ai mérités ;
Et j'en veux, à genoux, souffrir l'ignominie,
Comme une honte dûe aux crimes de ma vie.
ORGON.
(à Tartuffe.)   *(à son fils.*
Mon frere, c'en est trop. Ton cœur ne se rend point,
Traître ?
DAMIS.
Quoi ! ses discours vous séduiront au point.....
ORGON.
(relevant Tartuffe.)
Tai-toi, pendard. Mon frere, hé ! levez-vous de grace.

(*à son fils.*)
Infame.
DAMIS.
Il peut....
ORGON.
Tais-toi.
DAMIS.
J'enrage. Quoi ! Je paſſe...
ORGON.
Si tu dis un ſeul mot, je te romprai les bras.
TARTUFFE.
Mon frere, au nom de Dieu, ne vous emportez pas,
J'aimerois mieux ſouffrir la peine la plus dure,
Qu'il eût reçu pour moi la moindre égratignure.
ORGON *à ſon fils.*
Ingrat.
TARTUFFE.
Laiſſez-le en paix. S'il faut, à deux genoux,
Vous demander ſa grace....
ORGON *ſe jettant auſſi à genoux, & embraſſant Tartuffe.*
Hélas ! Vous moquez-vous !
(*à ſon fils.*)
Coquin, vois ſa bonté.
DAMIS.
Donc...
ORGON.
Paix.
DAMIS.
Quoi ! Je...
ORGON.
Paix, dis-je.
Je ſçais bien quel motif à l'attaquer t'oblige.
Vous le haïſſez tous, & je vois aujourd'hui,
Femme, enfans, & valets déchaînés contre lui.
On met impudemment toute choſe en uſage,
Pour ôter de chez moi ce dévot perſonnage ;
Mais, plus on fait d'effort afin de l'en bannir,

L 2

LE TARTUFFE,

Plus j'en veux employer à l'y mieux retenir,
Et je vais me hâter de lui donner ma fille.
Pour confondre l'orgueil de toute ma famille.

DAMIS.
A recevoir sa main, on pense l'obliger ?

ORGON.
Oui, traître ; & dès ce soir, pour vous faire enrager.
Ah ! je vous brave tous, & vous ferai connoître
Qu'il faut qu'on m'obéisse, & que je suis le maître,
Allons, qu'on se rétracte, & qu'à l'instant, fripon,
On se jette à ses pieds, pour demander pardon.

DAMIS.
Qui ? Moi ? De ce coquin, qui par ses impostures...

ORGON.
Ah ! tu résistes, gueux, & lui dis des injures ?
(à Tartuffe.)
Un bâton, un bâton. Ne me retenez pas.
(à son fils.)
Sus ; que de ma maison on sorte de ce pas,
Et que d'y revenir on n'ait jamais l'audace.

DAMIS.
Oui, je sortirai ; mais...

ORGON.
      Vîte, quittons la place.
Je te prive, pendard, de ma succession,
Et te donne, de plus, ma malédiction.

SCENE VII.

ORGON, TARTUFFE.

ORGON.
Offenser de la sorte une sainte personne !

TARTUFFE *à part*.
O Ciel ! Pardonne-lui la douleur qu'il me donne.

COMEDIE.

(*à Orgon.*)
Si vous pouviez sçavoir avec quel déplaisir,
Je vois qu'envers mon frere, on tâche à me noircir...
ORGON.
Hélas !
TARTUFFE.
Le seul penser de cette ingratitude,
Fait souffrir à mon ame un supplice si rude...
L'horreur que j'en conçois... J'ai le cœur si serré,
Que je ne puis parler, & crois que j'en mourrai.
ORGON *courant tout en larmes à la porte par où il a chassé son fils.*
Coquin ! Je me repens que ma main t'ait fait grace,
Et ne t'ait pas, d'abord, assommé sur la place.
(*à Tartuffe.*)
Remettez-vous, mon frere, & ne vous fâchez pas.
TARTUFFE.
Rompons, rompons le cours de ces fâcheux débats.
Je regarde céans quels grands troubles j'apporte,
Et crois, qu'il est besoin, mon frere, que j'en sorte.
ORGON.
Comment ! Vous vous moquez ?
TARTUFFE.
On m'y hait, & je voi
Qu'on cherche à vous donner des soupçons de ma foi.
ORGON.
Qu'importe ? Voyez-vous que mon cœur les écoute !
TARTUFFE.
On ne manquera pas de poursuivre, sans doute ;
Et ces mêmes rapports qu'ici vous rejettez,
Peut-être une autrefois seront-ils écoutés.
ORGON.
Non, mon frere, jamais.
TARTUFFE.
Ah ! mon frere, une femme
Aisément d'un mari peut bien surprendre l'ame.

ORGON.

Non, non.

TARTUFFE.

Laissez-moi vîte, en m'éloignant d'ici,
Leur ôter tout sujet de m'attaquer ainsi.

ORGON.

Non, vous demeurerez, il y va de ma vie.

TARTUFFE.

Hé bien, il faudra donc que je me mortifie.
Pourtant, si vous vouliez...

ORGON.

Ah !

TARTUFFE.

Soit. N'en parlons plus.
Mais je sçais comme il faut en user là-dessus.
L'honneur est délicat, & l'amitié m'engage
A prévenir les bruits, & les sujets d'ombrage.
Je fuirai votre épouse, & vous ne me verrez...

ORGON.

Non, en dépit de tous, vous la fréquenterez.
Faire enrager le monde, est ma plus grande joie,
Et je veux qu'à toute heure avec elle on vous voie.
Ce n'est pas tout encor. Pour les mieux braver tous,
Je ne veux point avoir d'autre héritier que vous ;
Et je vais, de ce pas, en fort bonne maniere,
Vous faire de mon bien donation entiere.
Un bon & franc ami, que pour gendre je prends,
M'est bien plus cher que fils, que femme, & que
 parens.
N'accepterez-vous pas ce que je vous propose ?

TARTUFFE.

La volonté du Ciel soit faite en toute chose.

ORGON.

Le pauvre homme ! Allons vîte en dresser un écrit,
Et que puisse l'envie en crever de dépit.

Fin du troisieme Acte.

COMEDIE.

ACTE IV.

SCENE PREMIERE.
CLEANTE, TARTUFFE.

CLÉANTE.

Oui, tout le monde en parle & vous m'en pouvez croire.
L'éclat que fait ce bruit, n'est point à votre gloire,
Et je vous ai trouvé, Monsieur, fort à propos,
Pour vous en dire net ma pensée en deux mots.
Je n'examine point à fond ce qu'on expose ;
Je passe là-dessus, & prend au pis la chose.
Supposons que Damis n'en ait pas bien usé,
Et que ce soit à tort qu'on vous ait accusé ;
N'est-il pas d'un chrétien de pardonner l'offense,
Et d'éteindre en son cœur tout desir de vengeance ?
Et devez-vous souffrir, pour votre démêlé,
Que du logis d'un pere, un fils soit exilé ?
Je vous le dis encore, & parle avec franchise ;
Il n'est petit, ni grand, qui ne s'en scandalise ;
Et si vous m'en croyez, vous pacifierez tout,
Et ne pousserez point les affaires à bout.
Sacrifiez à Dieu toute votre colere,
Et remettez le fils en grace avec le pere.

TARTUFFE.

Hélas ! Je le voudrois, quant à moi, de bon cœur.
Je ne garde pour lui, Monsieur, aucune aigreur,
Je lui pardonne tout, de rien je ne le blâme,
Et voudrois le servir du meilleur de mon ame.

Mais l'intérêt du Ciel n'y sçauroit consentir ;
Et, s'il rentre céans, c'est à moi d'en sortir.
Après son action, qui n'eut jamais d'égale,
Le commerce, entre nous, porteroit du scandale ;
Dieu sçait ce que d'abord tout le monde en croiroit.
A pure politique on me l'imputeroit,
Et l'on diroit par-tout que, me sentant coupable,
Je feins, pour qui m'accuse, un zele charitable ;
Que mon cœur l'appréhende, & veut le ménager
Pour le pouvoir, sous main, au silence engager.

CLÉANTE.

Vous nous payez ici d'excuses colorées,
Et toutes vos raisons, Monsieur, sont trop tirées.
Des intérêts du Ciel pourquoi vous chargez-vous ?
Pour punir le coupable a-t-il besoin de nous ?
Laissez-lui, laissez-lui le soin de ses vengeances,
Ne songez qu'au pardon qu'il prescrit des offenses ;
Et ne regardez point aux jugemens humains,
Quand vous suivez du Ciel les ordres souverains.
Quoi ! Le foible intérêt de ce qu'on pourra croire,
D'une bonne action empêchera la gloire ?
Non, non, faisons toujours ce que le Ciel prescrit,
Et d'aucun autre soin ne nous brouillons l'esprit.

TARTUFFE.

Je vous ai déjà dit que mon cœur lui pardonne,
Et c'est faire, Monsieur, ce que le Ciel ordonne ;
Mais, après le scandale & l'affront d'aujourd'hui,
Le Ciel n'ordonne pas que je vive avec lui.

CLÉANTE.

Et vous ordonne-t-il, Monsieur, d'ouvrir l'oreille
A ce qu'un pur caprice à son pere conseille ?
Et d'accepter le don qui vous est fait d'un bien,
Où le droit vous oblige à ne prétendre rien ?

TARTUFFE.

Ceux qui me connoîtront, n'auront pas la pensée
Que ce soit un effet d'une ame intéressée.
Tous les biens de ce monde ont pour moi peu d'appas,

COMEDIE. 249

De leur éclat trompeur je ne m'éblouis pas ;
Et si je me résous à recevoir du pere
Cette donation qu'il a voulu me faire,
Ce n'est, à dire vrai, que parce que je crains,
Que tout ce bien ne tombe en de méchantes mains ;
Qu'il ne trouve des gens, qui, l'ayant en partage,
En fassent, dans le monde, un criminel usage ;
Et ne s'en servent pas, ainsi que j'ai dessein,
Pour la gloire du Ciel, & le bien du prochain.

CLÉANTE.

Hé, Monsieur, n'ayez point ces délicates craintes,
Qui d'un juste héritier peuvent causer les plaintes.
Souffrez, sans vous vouloir embarrasser de rien,
Qu'il soit, à ses périls, possesseur de son bien ;
Et songez qu'il vaut mieux encor qu'il en mésuse,
Que si, de l'en frustrer, il faut qu'on vous accuse.
J'admire seulement que, sans confusion,
Vous en ayez souffert la proposition.
Car, enfin, le vrai zele a-t-il quelque maxime
Qui montre à dépouiller l'héritier légitime ?
Et, s'il faut que le Ciel dans votre cœur ait mis
Un invincible obstacle à vivre avec Damis,
Ne vaudroit-il pas mieux qu'en personne discrette,
Vous fissiez de céans une honnête retraite,
Que de souffrir ainsi, contre toute raison,
Qu'on en chasse pour vous le fils de la maison ?
Croyez-moi, c'est donner de votre prud'hommie,
Monsieur......

TARTUFFE.

Il est, Monsieur, trois heures & demie.
Certain devoir pieux me demande là-haut,
Et vous m'excuserez de vous quitter si-tôt.

CLÉANTE seul.

Ah !

L 5

SCENE II.

ELMIRE, MARIANE, CLÉANTE, DORINE.

DORINE à Cléante.

DE grace, avec nous, employez-vous pour elle,
Monsieur, son ame souffre une douleur mortelle,
Et l'accord que son pere a conclu pour ce soir,
La fait, à tous momens, entrer en désespoir.
Il va venir. Joignons nos efforts, je vous prie,
Et tâchons d'ébranler, de force ou d'industrie,
Ce malheureux dessein qui nous a tous troublés.

SCENE III.

ORGON, ELMIRE, MARIANE, CLÉANTE, DORINE.

ORGON.

AH ! Je me réjouis de vous voir assemblés.
  (à Mariane.)
Je porte en ce contrat de quoi vous faire rire,
Et vous sçavez déjà ce que cela veut dire.
  MARIANE *aux genoux d'Orgon.*
Mon pere, au nom du Ciel, qui connoît ma douleur,
Et par-tout ce qui peut émouvoir votre cœur,
Relâchez-vous un peu des droits de la naissance,
Et dispensez mes vœux de cette obéissance.
Ne me réduisez point, par cette dure loi,
Jusqu'à me plaindre au Ciel de ce que je vous doi;

Et, cette vie, hélas! que vous m'avez donnée,
Ne me la rendez pas, mon pere, infortunée.
Si, contre un doux espoir que j'avois pû former,
Vous me défendez d'être à ce que j'ose aimer,
Au moins, par vos bontés, qu'à vos genoux j'implore,
Sauvez-moi du tourment d'être à ce que j'abhorre;
Et ne me portez point à quelque désespoir,
En vous servant, sur moi, de tout votre pouvoir.
ORGON *se sentant attendrir.*
Allons, ferme, mon cœur, point de foiblesse humaine.
MARIANE.
Vos tendresses pour lui, ne me font point de peine;
Faites-les éclater, donnez-lui votre bien;
Et, si ce n'est assez, joignez-y tout le mien,
J'y consens de bon cœur, & je vous l'abandonne;
Mais, au moins, n'allez pas jusques à ma personne;
Et souffrez qu'un couvent, dans les austérités,
Use les tristes jours que le Ciel m'a comptés.
ORGON.
Ah! voilà justement de mes religieuses,
Lorsqu'un pere combat leurs flammes amoureuses.
Debout. Plus votre cœur répugne à l'accepter,
Plus ce sera pour vous matiere à mériter.
Mortifiez vos sens avec ce mariage,
Et ne me rompez pas la tête davantage.
DORINE.
Mais quoi!.....
ORGON.
Taisez-vous, vous. Parlez à votre écot.
Je vous défends, tout net, d'oser dire un seul mot.
CLÉANTE.
Si par quelque conseil vous souffrez qu'on réponde...
ORGON.
Mon frere, vos conseils sont les meilleurs du monde,
Ils sont bien raisonnés, & j'en fais un grand cas;
Mais vous trouverez bon que je n'en use pas.

ELMIRE à *Orgon.*

A voir ce que je vois, je ne fçais plus que dire ;
Et votre aveuglement fait que je vous admire.
C'eſt être bien coëffé, bien prévenu de lui,
Que de nous démentir ſur le fait d'aujourd'hui.

ORGON.

Je ſuis votre valet, & crois les apparences.
Pour mon fripon de fils, je fçais vos complaiſances ;
Et vous avez eu peur de le déſavouer
Du trait qu'à ce pauvre homme il a voulu jouer.
Vous étiez trop tranquille, enfin, pour être crue,
Et vous auriez paru d'autre maniere émue.

ELMIRE.

Eſt-ce qu'au ſimple aveu d'un amoureux tranſport,
Il faut que notre honneur ſe gendarme ſi fort ?
Et ne peut-on répondre à tout ce qui le touche
Que le feu dans les yeux, & l'injure à la bouche ?
Pour moi, de tels propos, je me ris ſimplement ;
Et l'éclat, là-deſſus, ne me plaît nullement.
J'aime qu'avec douceur nous nous montrions ſages,
Et ne ſuis point du tout pour ces prudes ſauvages ;
Dont l'honneur eſt armé de griffes & de dents,
Et veut, au moindre mot, déviſager les gens.
Me préſerve le Ciel d'une telle ſageſſe !
Je veux une vertu qui ne ſoit point diableſſe,
Et crois que d'un refus la diſcrette froideur,
N'en eſt pas moins puiſſante à rebuter un cœur.

ORGON.

Enfin, je fçais l'affaire, & ne prends point le change.

ELMIRE.

J'admire, encore un coup, cette foibleſſe étrange.
Mais que me répondroit votre incrédulité,
Si je vous faiſois voir qu'on vous dit vérité ?

ORGON.

Voir ?

ELMIRE.

Oui.

COMEDIE.

ORGON.

Chanfons.

ELMIRE.

Mais quoi, fi je trouvois maniere
De vous le faire voir avec pleine lumiere ?

ORGON.

Contes en l'air.

ELMIRE.

Quel homme ! Au moins, répondez-moi ;
Je ne vous parle pas de nous ajouter foi ;
Mais fuppofons ici que, d'un lieu qu'on peut prendre,
On vous fît clairement tout voir & tout entendre,
Que diriez-vous alors de votre homme de bien ?

ORGON.

En ce cas, je dirois que....Je ne dirois rien ;
Car cela ne fe peut.

ELMIRE.

L'erreur trop long-tems dure,
Et c'eft trop condamner ma bouche d'impofture.
Il faut que, par plaifir, & fans aller plus loin,
De tout ce qu'on vous dit je vous faffe témoin.

ORGON.

Soit. Je vous prends au mot. Nous verrons votre adreffe,
Et comment vous pourrez remplir cette promeffe.

ELMIRE *à Dorine.*

Faites-le-moi venir.

DORINE *à Elmire.*

Son efprit eft rufé.
Et peut-être à furprendre il fera mal-aifé.

ELMIRE *à Dorine.*

Non, on eft aifément dupé par ce qu'on aime,
Et l'amour-propre engage à fe tromper foi-même.
(*à Cléante & à Mariane.*)
Faites-le moi defcendre ; & vous, retirez-vous.

SCENE IV.

ELMIRE, ORGON.

ELMIRE.

APprochons cette table, & vous mettez deſſous.

ORGON.

Comment ?

ELMIRE.

Vous bien cacher eſt un point néceſſaire.

ORGON.

Pourquoi ſous cette table ?

ELMIRE.

Ah, mon Dieu ! laiſſez faire,
J'ai mon deſſein en tête, & vous en jugerez.
Mettez-vous-là, vous dis-je ; &, quand vous y ſerez,
Gardez qu'on ne vous voie, & qu'on ne vous entende.

ORGON.

Je confeſſe qu'ici ma complaiſance eſt grande ;
Mais de votre entrepriſe, il vous faut voir ſortir.

ELMIRE.

Vous n'aurez que je crois rien à me répartir.
(à Orgon, qui eſt ſous la table.)
Au moins, je vais toucher une étrange matiere,
Ne vous ſcandaliſez en aucune maniere.
Quoi que je puiſſe dire, il doit m'être permis ;
Et c'eſt pour vous convaincre, ainſi que j'ai promis.
Je vais par des douceurs, puiſque j'y ſuis réduite,
Faire poſer le maſque à cette ame hypocrite,
Flatter de ſon amour les deſirs effrontés,
Et donner un champ libre à ſes témérités.
Comme c'eſt pour vous ſeul, & pour mieux le con-
    fondre,

COMEDIE.

Que mon ame à ses vœux va feindre de répondre,
J'aurai lieu de cesser dès que vous vous rendrez,
Et les choses n'iront que jusqu'où vous voudrez.
C'est à vous d'arrêter son ardeur insensée,
Quand vous croirez l'affaire assez avant poussée,
D'épargner votre femme, & de ne m'exposer
Qu'à ce qu'il vous faudra pour vous désabuser.
Ce sont vos intérêts, vous en serez le maître,
Et... L'on vient. Tenez-vous, & gardez de paroître.

SCENE V.

TARTUFFE, ELMIRE, ORGON *sous la table*.

TARTUFFE.

ON m'a dit qu'en ce lieu vous me vouliez parler.

ELMIRE.

Oui. L'on a des secrets à vous y révéler ;
Mais tirez cette porte avant qu'on vous les dise,
Et regardez par-tout, de crainte de surprise.

(*Tartuffe va fermer la porte, & revient.*)

Une affaire pareille à celle de tantôt,
N'est pas assurément ici ce qu'il nous faut.
Jamais il ne s'est vu de surprise de même,
Damis m'a fait, pour vous, une frayeur extrême,
Et vous avez bien vu que j'ai fait mes efforts
Pour rompre son dessein, & calmer ses transports.
Mon trouble, il est bien vrai, m'a si fort possédée,
Que de le démentir je n'ai point eu l'idée ;
Mais par-là, grace au Ciel, tout a bien mieux été,
Et les choses en sont en plus de sûreté.
L'estime où l'on vous tient a dissipé l'orage,
Et mon mari, de vous, ne peut prendre d'ombrage.
Pour mieux braver l'éclat des mauvais jugemens,

Il veut que nous foyons enfemble à tous momens,
Et c'eft, par où je puis, fans peur d'être blâmée,
Me trouver ici feule avec vous enfermée,
Et ce qui m'autorife à vous ouvrir un cœur
Un peu trop prompt, peut-être, à fouffrir votre ardeur.

TARTUFFE.

Ce langage à comprendre eft affez difficile,
Madame, & vous parliez tantôt d'un autre ftyle.

ELMIRE.

Ah ! fi d'un tel refus vous êtes en courroux,
Que le cœur d'une femme eft mal connu de vous ;
Et que vous fçavez peu ce qu'il veut faire entendre,
Lorfque, fi foiblement, on le voit fe défendre !
Toujours notre pudeur combat dans ces momens,
Ce qu'on peut nous donner de tendres fentimens.
Quelque raifon qu'on trouve à l'amour qui nous dompte,
On trouve à l'avouer toujours un peu de honte,
On s'en défend d'abord ; mais, de l'air qu'on s'y prend,
On fait connoître affez que notre cœur fe rend ;
Qu'à nos vœux, par honneur, notre bouche s'oppofe,
Et que de tels refus promettent toute chofe.
C'eft vous faire, fans doute, un affez libre aveu,
Et, fur notre pudeur, me ménager bien peu.
Mais, puifque la parole enfin en eft lâchée,
A retenir Damis me ferois-je attachée ?
Aurois-je, je vous prie, avec tant de douceur,
Ecouté tout au long l'offre de votre cœur ?
Aurois-je pris la chofe ainfi qu'on m'a vu faire,
Si l'offre de ce cœur n'eût eu de quoi me plaire ?
Et lorfque j'ai voulu moi-même vous forcer
A refufer l'hymen qu'on venoit d'annoncer,
Qu'eft-ce que cette inftance a dû vous faire entendre,
Que l'intérêt qu'en vous on s'avife de prendre,

COMEDIE.

Et l'ennui qu'on auroit que ce nœud qu'on réfout
Vînt partager du moins un cœur que l'on veut tout?

TARTUFFE.

C'est fans doute, Madame, une douceur extrême,
Que d'entendre ces mots d'une bouche qu'on aime ;
Leur miel dans tous mes fens fait couler à longs traits
Une fuavité qu'on ne goûta jamais.
Le bonheur de vous plaire est ma fuprême étude,
Et mon cœur de vos vœux fait fa béatitude ;
Mais ce cœur vous demande ici la liberté,
D'ofer douter un peu de fa félicité.
Je puis croire ces mots un artifice honnête,
Pour m'obliger à rompre un hymen qui s'apprête ;
Et, s'il faut librement m'expliquer avec vous,
Je ne me fierai point à des propos fi doux,
Qu'un peu de vos faveurs, après quoi je foupire,
Ne viennent m'affurer tout ce qu'ils m'ont pu dire,
Et planter dans mon ame une conftante foi
Des charmantes bontés que vous avez pour moi.

ELMIRE *après avoir touffé pour avertir fon mari.*

Quoi, vous voulez aller avec cette vîteffe,
Et d'un cœur tout d'abord épuifer la tendreffe?
On fe tue à vous faire un aveu des plus doux,
Cependant ce n'eft pas encore affez pour vous ;
Et l'on ne peut aller jufqu'à vous fatisfaire,
Qu'aux dernieres faveurs on ne pouffe l'affaire?

TARTUFFE.

Moins on mérite un bien, moins on l'ofe efpérer.
Nos vœux, fur des difcours, ont peine à s'affurer.
On foupçonne aifément un fort tout plein de gloire,
Et l'on veut en jouir avant que de le croire.
Pour moi, qui crois fi peu mériter vos bontés,
Je doute du bonheur de mes témérités ;
Et, je ne croirai rien, que vous n'ayez, Madame,
Par des réalités, fçu convaincre ma flamme.

ELMIRE.
Mon Dieu, que votre amour en vrai tyran agit !
Et qu'en un trouble étrange il me jette l'esprit !
Que sur les cœurs il prend un furieux empire !
Et qu'avec violence il veut ce qu'il desire !
Quoi, de votre poursuite on ne peut se parer,
Et vous ne donnez pas le tems de respirer ?
Sied-il bien de tenir une rigueur si grande,
De vouloir, sans quartier, les choses qu'on demande ;
Et d'abuser ainsi, par vos efforts pressans,
Du foible que, pour vous, vous voyez qu'ont les ges ?

TARTUFFE.
Mais si, d'un œil bénin, vous voyez mes hommagens ?
Pourquoi m'en refuser d'assurés témoignages ?

ELMIRE.
Mais comment consentir à ce que vous voulez,
Sans offenser le Ciel, dont toujours vous parlez ?

TARTUFFE.
Si ce n'est que le Ciel qu'à mes vœux on oppose,
Lever un tel obstacle est à moi peu de chose ;
Et cela ne doit pas retenir votre cœur.

ELMIRE.
Mais des arrêts du Ciel on nous fait tant de peur ?

TARTUFFE.
Je puis vous dissiper ces craintes ridicules,
Madame ; & je sçais l'art de lever les scrupules.
Le Ciel défend, de vrai, certains contentemens;
Mais on trouve avec lui des accommodemens.
Selon divers besoins, il est une science
D'étendre les liens de notre conscience,
Et de rectifier le mal de l'action
Avec la pureté de notre intention.
De ces secrets, Madame, on sçaura vous instruire;
Vous n'avez seulement qu'à vous laisser conduire.
Contentez mon desir, & n'ayez point d'effroi,
Je vous réponds de tout, & prends le mal sur moi.

COMÉDIE.

(Elmire touffe plus fort.)

Vous touffez fort, Madame.

ELMIRE.

Oui, je suis au supplice.

TARTUFFE.

Vous plaît-il un morceau de ce jus de réglisse?

ELMIRE.

C'est un rhume obstiné, sans doute, & je vois bien
Que tous les jus du monde, ici ne feront rien.

TARTUFFE.

Cela, certe, est fâcheux.

ELMIRE.

Oui, plus qu'on ne peut dire.

TARTUFFE.

Enfin, votre scrupule est facile à détruire.
Vous êtes assurée ici d'un plein secret,
Et le mal n'est jamais que dans l'éclat qu'on fait.
Le scandale du monde est ce qui fait l'offense;
Et ce n'est pas pécher, que pécher en silence.

ELMIRE *après avoir encore touffé & frappé
sur la table.*

Enfin je vois qu'il faut se résoudre à céder,
Qu'il faut que je consente à vous tout accorder;
Et qu'à moins de cela, je ne dois point prétendre,
Qu'on puisse être content, & qu'on veuille se rendre
Sans doute il est fâcheux d'en venir jusques-là,
Et c'est bien malgré moi que je franchis cela;
Mais puisque l'on s'obstine à m'y vouloir réduire,
Puisqu'on ne veut point croire à tout ce qu'on peut
    dire,
Et qu'on veut des témoins qui soient plus convain-
    quans,
Il faut bien s'y résoudre, & contenter les gens.
Si ce contentement porte en soi quelque offense,
Tant pis pour qui me force à cette violence;
La faute assurément n'en doit point être à moi.

TARTUFFE.

Oui, Madame, on s'en charge; & la chose de soi...

ELMIRE.

Ouvrez un peu la porte; & voyez, je vous prie,
Si mon mari n'eſt point dans cette galerie.

TARTUFFE.

Qu'eſt-il beſoin pour lui du ſoin que vous prenez ?
C'eſt un homme, entre nous, à mener par le nez.
De tous nos entretiens, il eſt pour faire gloire,
Et je l'ai mis au point de voir tout, ſans rien croire.

ELMIRE.

Il n'importe. Sortez je vous prie un moment,
Et par tout, là-dehors, voyez exactement.

SCÈNE VI.

ORGON, ELMIRE.

ORGON *ſortant de deſſous la table.*

Voilà je vous l'avoue, un abominable homme.
Je n'en puis revenir, & tout ceci m'aſſomme.

ELMIRE.

Quoi! vous ſortez ſi-tôt? Vous vous moquez des
    gens.
Rentrez ſous le tapis, il n'eſt pas encore tems;
Attendez juſqu'au bout, pour voir les choſes ſûres,
Et ne vous fiez point aux ſimples conjectures.

ORGON.

Non, rien de plus méchant n'eſt ſorti de l'enfer.

ELMIRE.

Mon Dieu! l'on ne doit point croire trop de leger.
Laiſſez-vous bien convaincre, avant que de vous
    rendre.
Et ne vous hâtez pas de peur de vous méprendre.

(*Elmire fait mettre Orgon derriere elle.*

SCENE VII.

TARTUFFE, ELMIRE, ORGON.

TARTUFFE *sans voir Orgon.*

Tout conspire, Madame, à mon contentement.
J'ai visité, de l'œil, tout cet appartement
Personne ne s'y trouve; & mon ame ravie...
(Dans le tems que Tartuffe s'avance, les bras ouverts, pour embrasser Elmire, elle se retire, & Tartuffe apperçoit Orgon.)

ORGON *arrêtant Tartuffe.*

Tout doux, vous suivez trop votre amoureuse envie,
Et vous ne devez pas vous tant passionner.
Ah, ah! l'homme de bien, vous m'en vouliez donner!
Comme aux tentations s'abandonne votre ame!
Vous épousiez ma fille, & convoitiez ma femme!
J'ai douté fort long-tems, que ce fût tout de bon,
Et je croyois toujours qu'on changeroit de ton;
Mais c'est assez avant pousser le témoignage,
Je m'y tiens; & n'en veux, pour moi, pas davantage.

ELMIRE *à Tartuffe.*

C'est contre mon humeur que j'ai fait tout ceci;
Mais on m'a mise au point de vous traiter ainsi.

TARTUFFE *à Orgon.*

Quoi! vous croyez....

ORGON.

Allons, point de bruit je vous prie.
Dénichons de céans, & sans cérémonie.

TARTUFFE.

Mon dessein....

ORGON.

Ces discours ne sont plus de saison.
Il faut, tout sur le champ, sortir de la maison.

TARTUFFE.

C'eſt à vous d'en ſortir, vous, qui parlez en maître.
La maiſon m'appartient, je le ferai connoître,
Et vous montrerai bien qu'en vain on a recours,
Pour me chercher querelle, à ces lâches détours;
Qu'on n'eſt pas où l'on penſe, en me faiſant injure;
Que j'ai de quoi confondre, & punir l'impoſture,
Venger le Ciel qu'on bleſſe, & faire repentir
Ceux qui parlent ici de me faire ſortir.

SCENE VIII.
ELMIRE, ORGON.

ELMIRE.

Quel eſt donc ce langage, & qu'eſt-ce qu'il veut dire?

ORGON.
Ma foi je ſuis confus, & n'ai pas lieu de rire.

ELMIRE.
Comment?

ORGON.
Je vois ma faute aux choſes qu'il m'a dit,
Et la donation m'embarraſſe l'eſprit.

ELMIRE.
La donation....

ORGON.
Oui. C'eſt une affaire faite;
Mais j'ai quelqu'autre choſe encore qui m'inquiete.

ELMIRE.
Et quoi?

ORGON.
Vous ſçaurez tout. Mais voyons au plutôt
Si cette caſſette eſt encore là-haut.

Fin du quatrieme Acte.

ACTE V.

SCENE PREMIERE.
ORGON, LEANDRE.

CLEANTE.

Ou voulez-vous courir ?
ORGON.
Las ! que sçais-je !
CLEANTE.
Il me semble
Que l'on doit commencer par consulter ensemble
Les choses qu'on peut faire en cet événement.
ORGON.
Cette cassette-là me trouble entiérement.
Plus que le reste encore, elle me désespere.
CLEANTE.
Cette cassette est donc un important mystere ?
ORGON.
C'est un dépôt qu'Argas, cet ami que je plains,
Lui-même, en grand secret, m'a mis entre les mains.
Pour cela, dans sa fuite, il me voulut élire ;
Et ce sont des papiers, à ce qu'il m'a pu dire,
Où sa vie & ses biens, se trouvent attachés.
CLEANTE.
Pourquoi donc les avoir en d'autres mains lâchés ?
ORGON.
Ce fut par un motif de cas de conscience.
J'allai droit à mon traître en faire confidence,
Et son raisonnement me vint persuader
De lui donner plutôt la cassette à garder ;

LE TARTUFFE,

Afin que, pour nier, en cas de quelque enquête,
J'eusse d'un faux-fuyant la faveur toute prête,
Par où ma conscience eût pleine sûreté
A faire des sermens contre la vérité.

CLEANTE.

Vous voilà mal, au moins si j'en crois l'apparence?
Et la donation, & cette confidence,
Sont, à vous en parler, selon mon sentiment,
Des démarches par vous faites legérement.
On peut vous mener loin avec de pareils gages ;
Et cét homme, sur vous, ayant ces avantages,
Le pousser est encor grande imprudence à vous,
Et vous deviez chercher quelque biais plus doux.

ORGON.

Quoi ! sur un beau semblant de ferveur si touchante,
Cacher un cœur si double, une ame si méchante ?
Et moi, qui l'ai reçu gueusant, & n'ayant rien...
C'en est fait, je renonce à tous les gens de bien ;
J'en aurai désormais une horreur effroyable,
Et m'en vais devenir, pour eux, pire qu'un diable.

CLEANTE.

Hé bien, ne voilà pas de vos emportemens !
Vous ne gardez en rien les doux tempéramens.
Dans la droite raison jamais n'entre la vôtre ;
Et toujours, d'un excès, vous vous jettez dans
    l'autre.
Vous voyez votre erreur, & vous avez connu
Que par un zele feint vous étiez prévenu ;
Mais, pour vous corriger, quelle raison demande
Que vous alliez passer dans une erreur plus grande ;
Et qu'avecque le cœur d'un perfide vaurien
Vous confondiez les cœurs de tous les gens de bien ?
Quoi ! parce qu'un fripon vous dupe, avec audace,
Sous le pompeux éclat d'une auftere grimace,
Vous voulez que par-tout on soit fait comme lui
Et qu'aucun vrai dévot ne se trouve aujourd'hui ?
Laissez aux libertins ces sottes conséquences,
Démélez la vertu d'avec ses apparences,

COMEDIE.

Ne hasardez jamais votre estime trop tôt,
Et soyez, pour cela, dans le milieu qu'il faut
Gardez-vous, s'il se peut, d'honorer l'imposture;
Mais, au vrai zele aussi, n'allez pas faire injure;
Et, s'il vous faut tomber dans une extrêmité,
Péchez plutôt encor de cet autre côté.

SCENE II.

ORGON, CLEANTE, DAMIS,

DAMIS.

Quoi ! mon pere, est-il vrai qu'un coquin vous menace ?
Qu'il n'est point de bienfait qu'en son ame il n'efface ?
Et que son lâche orgueil, trop digne de courroux,
Se fait, de vos bontés, des armes contre vous ?

ORGON.

Oui, mon fils, & j'en sens des douleurs nompareilles.

DAMIS.

Laissez-moi, je veux lui couper les deux oreilles.
Contre son insolence on ne doit point gauchir.
C'est à moi, tout d'un coup, de vous en affranchir;
Et pour sortir d'affaire, il faut que je l'assomme.

CLEANTE.

Voilà tout justement parler en vrai jeune homme.
Modérez, s'il vous plaît, ces transports éclatans.
Nous vivons sous un regne, & sommes dans un tems
Où, par la violence, on fait mal ses affaires.

LE TARTUFFE,

SCENE III.

MADAME PERNELLE, ORGON, ELMIRE, CLEANTE, MARIANE, DAMIS, DORINE.

Madame PERNELLE.

Qu'est-ce ? J'apprends ici de terribles mysteres.

ORGON.

Ce sont des nouveautés dont mes yeux sont témoins,
Et vous voyez le prix dont sont payés mes soins.
Je recueille, avec zele, un homme en sa misere,
Je le loge, & le tiens comme mon propre frere,
De bienfaits, chaque jour, il est par moi chargé,
Je lui donne ma fille, & tout le bien que j'ai,
Et, dans le même tems, le perfide, l'infâme,
Tente le noir dessein de suborner ma femme ;
Et, non content encor de ces lâches essais,
Il m'ose menacer de mes propres bienfaits,
Et veut, à ma ruine, user des avantages
Dont le viennent d'armer mes bontés trop peu sages,
Me chasser de mes biens où je l'ai transféré,
Et me réduire au point d'où je l'ai retiré.

DORINE.

Le pauvre homme !

Madame PERNELLE.

Mon fils, je ne puis du tout croire
Qu'il ait voulu commettre une action si noire.

ORGON.

Comment ?

COMEDIE.

Madame PERNELLE.
Les gens de bien font enviés toujours.

ORGON.
Que voulez-vous donc dire avec votre discours,
Ma mere ?

Madame PERNELLE.
Que chez vous on vit d'étrange sorte,
Et qu'on ne sçait que trop la haine qu'on lui porte.

ORGON.
Qu'a cette haine à faire avec ce qu'on vous dit ?

Madame PERNELLE.
Je vous l'ai dit cent fois, quand vous étiez petit.
La vertu, dans le monde, est toujours poursuivie ;
Les envieux mourront, mais non jamais l'envie.

ORGON.
Mais que fait ce discours aux choses d'aujourd'hui ?

Madame PERNELLE.
On vous aura forgé cent sots contes de lui.

ORGON.
Je vous ai dit déja que j'ai tout vu moi-même.

Madame PERNELLE.
Des esprits médisans la malice est extrême.

ORGON.
Vous me feriez damner, ma mere. Je vous di
Que j'ai vu, de mes yeux, un crime si hardi.

Madame PERNELLE.
Les langues ont toujours du venin à répandre ;
Et rien n'est, ici bas, qui s'en puisse défendre.

ORGON.
C'est tenir un propos de sens bien dépourvu.
Je l'ai vu, dis-je, de mes propres yeux vu,
Ce qu'on appelle vu. Faut-il vous le rebattre
Aux oreilles cent fois, & crier comme quatre ?

Madame PERNELLE.
Mon Dieu ! Le plus souvent, l'apparence déçoit.
Il ne faut pas toujours juger sur ce qu'on voit.

ORGON.
J'enrage.

M 2

Madame PERNELLE.

Aux faux soupçons la nature est sujette,
Et c'est souvent à mal, que le bien s'interprete.

ORGON.

Je dois interpréter à charitable soin,
Le desir d'embrasser ma femme?

Madame PERNELLE.

Il est besoin,
Pour accuser les gens, d'avoir de justes causes;
Et vous deviez attendre à vous voir sûr des choses.

ORGON.

Hé! Diantre, le moyen de m'en assurer mieux?
Je devois donc, ma mere, attendre qu'à mes yeux,
Il eût... Vous me feriez dire quelque sottise.

Madame PERNELLE.

Enfin, d'un trop pur zele on voit son ame éprise;
Et je ne puis, du tout, me mettre dans l'esprit,
Qu'il ait voulu tenter les choses que l'on dit.

ORGON.

Allez. Je ne sçais pas, si vous n'étiez ma mere,
Ce que je vous dirois, tant je suis en colere.

DORINE à Orgon.

Juste retour, Monsieur, des choses d'ici bas.
Vous ne vouliez point croire, & l'on ne vous croit
   pas.

CLEANTE.

Nous perdons des momens, en bagatelles pures,
Qu'il faudroit employer à prendre des mesures.
Aux menaces du fourbe, on doit ne dormir point.

DAMIS.

Quoi! Son effronterie iroit jusqu'à ce point!

ELMIRE.

Pour moi, je ne crois pas cette instance possible,
Et son ingratitude est ici trop visible.

COMÉDIE. 269
CLEANTE.
(à Orgon.)

Ne vous y fiez pas. Il aura des ressorts ;
Pour donner, contre vous, raison à ses efforts ;
Et, sur moins que cela, le poids d'une cabale
Embarrasse les gens dans un fâcheux dédale.
Je vous le dis encore, armé de ce qu'il a,
Vous ne deviez jamais le pousser jusques-là.

ORGON.

Il est vrai ; mais qu'y faire ? A l'orgueil de ce traî-
　tre,
De mes ressentimens je n'ai pas été maître.

CLEANTE.

Je voudrois, de bon cœur, qu'on pût entre vous
　deux,
De quelque ombre de paix, raccommoder les nœuds.

ELMIRE.

Si j'avois sçu qu'en main il a de telles armes,
Je n'aurois pas donné matiere à tant d'allarmes ;
Et mes....

ORGON à Dorine, voyant entrer Monsieur
Loyal.

Que veut cet homme ? Allez tôt le sçavoir,
Je suis bien en état que l'on me vienne voir.

―――――――――――

SCENE IV.

ORGON, MADAME PERNELLE,
ELMIRE, MARIANE, CLEANTE,
DAMIS, DORINE, M. LOYAL.

M. LOYAL à Dorine dans le fond du Théatre.

Bonjour, ma chere sœur. Faites, je vous supplie,
Que je parle à Monsieur.

M 3

DORINE.

       Il est en compagnie;
Et je doute qu'il puisse, à présent, voir quelqu'un.

M. LOYAL.

Je ne suis pas pour être en ces lieux importun.
Mon abord n'aura rien, je crois, qui lui déplaise,
Et je viens pour un fait, dont il sera bien aise.

DORINE.

Votre nom ?

M. LOYAL.

     Dites-lui seulement que je vien
De la part de Monsieur Tartuffe, pour son bien.

DORINE *à Orgon*.

C'est un homme qui vient, avec douce maniere,
De la part de Monsieur Tartuffe, pour affaire,
Dont vous serez, dit-il, bien aise.

CLEANTE *à Orgon*.

      Il vous faut voir
Ce que c'est que cet homme, & ce qu'il peut vouloir.

ORGON *à Cléante*.

Pour nous raccommoder, il vient ici, peut-être,
Quels sentimens aurai-je à lui faire paroître ?

CLEANTE.

Votre ressentiment ne doit point éclater ;
Et, s'il parle d'accord, il le faut écouter.

M. LOYAL *à Orgon*.

Salut, Monsieur. Le Ciel perde qui vous veut nuire,
Et vous soit favorable, autant que je desire.

ORGON *bas à Cléante*.

Ce doux début s'accorde avec mon jugement,
Et présage déjà quelque accommodement.

M. LOYAL.

Toute votre maison m'a toujours été chere ;
Et j'étois serviteur de Monsieur votre pere.

ORGON.

Monsieur, j'ai grande honte, & demande pardon,
D'être sans vous connoître, ou sçavoir votre nom,

COMEDIE.
M. LOYAL.
Je m'appelle Loyal, natif de Normandie,
Et suis Huissier à verge, en dépit de l'envie.
J'ai depuis quarante ans, grace au Ciel, le bonheur
D'en exercer la charge avec beaucoup d'honneur;
Et je vous viens, Monsieur, avec votre licence,
Signifier l'exploit de certaine ordonnance....
ORGON.
Quoi, vous êtes ici...
M. LOYAL.
Monsieur, sans passion.
Ce n'est rien seulement qu'une sommation,
Un ordre de vuider d'ici, vous & les vôtres,
Mettre vos meubles hors, & faire place à d'autres,
Sans délai, ni remise, ainsi que besoin est.
ORGON.
Moi, sortir de céans?
M. LOYAL.
Oui, Monsieur, s'il vous plaît.
La maison, à présent, comme sçavez de reste,
Au bon Monsieur Tartuffe appartient sans conteste.
De vos biens, désormais, il est maître & seigneur,
En vertu d'un contrat duquel je suis porteur.
Il est en bonne forme, & l'on n'y peut rien dire.
DAMIS à M. Loyal.
Certes, cette impudence est grande, & je l'admire.
M. LOYAL à Damis.
Monsieur, je ne dois point avoir affaire à vous;
(montrant Orgon.)
C'est à Monsieur; il est & raisonnable & doux,
Et d'un homme de bien il sçait trop bien l'office,
Pour se vouloir, du tout, opposer à justice.
ORGON.
Mais...
M. LOYAL à Orgon.
Oui, Monsieur, je sçais que pour un million
Vous ne voudriez pas faire rebellion;
Et que vous souffrirez en honnête personne,

Que j'exécute ici les ordres qu'on me donne.
DAMIS.
Vous pourriez bien ici, sur votre noir jupon,
Monsieur l'Huissier à verge, attirer le bâton.
M. LOYAL à Orgon.
Faites que votre fils se taise ou se retire,
Monsieur. J'aurois regret d'être obligé d'écrire,
Et de vous voir couché dans mon procès-verbal.
DORINE à part.
Ce Monsieur Loyal porte un air bien déloyal !
M. LOYAL.
Pour tous les gens de bien j'ai de grandes tendresses,
Et ne me suis voulu, Monsieur, charger des pieces,
Que pour vous obliger, & vous faire plaisir ;
Que pour ôter, par-là, le moyen d'en choisir
Qui, n'ayant pas pour vous le zéle qui me pousse,
Auroient pu procéder d'une façon moins douce.
ORGON.
Et que peut-on de pis, que d'ordonner aux gens
De sortir de chez eux ?
M. LOYAL.
On vous donne du tems ;
Et jusques à demain, je ferai surséance
A l'exécution, Monsieur, de l'ordonnance.
Je viendrai seulement passer ici la nuit,
Avec dix de mes gens, sans scandale & sans bruit.
Pour la forme, il faudra, s'il vous plaît qu'on m'apporte,
Avant que se coucher les clés de votre porte.
J'aurai soin de ne pas troubler votre repos,
Et de ne rien souffrir qui ne soit à propos.
Mais demain, du matin, il vous faut être habile
A vuider de céans jusqu'au moindre ustencile ;
Mes gens vous aideront, & je les ai pris forts,
Pour vous faire service à tout mettre dehors.
On n'en peut pas user mieux que je fais, je pense ;
Et, comme je vous traite avec grande indulgence,
Je vous conjure aussi, Monsieur, d'en user bien,

COMEDIE. 273
Et qu'au dû de ma charge on ne me trouble en rien.
ORGON à part.
Du meilleur de mon cœur, je donnerois sur l'heure
Les cent plus beaux louis de ce qui me demeure,
Et pouvoir, à plaisir sur ce mufle assener
Le plus grands coups de poing qui se puisse donner.
CLEANTE bas à Orgon.
Laissez, ne gâtons rien.
DAMIS.
A cette audace étrange,
J'ai peine à me tenir, & la main me demange.
DORINE.
Avec un si bon dos, ma foi, Monsieur Loyal,
Quelque coups de bâton ne vous siéroient pas mal.
M. LOYAL.
On pourroit bien punir ces paroles infâmes,
M'amie; & l'on décrete aussi contre les femmes.
CLEANTE à M. Loyal.
Finissons tout cela, Monsieur, c'en est assez;
Donnez tôt ce papier de grace, & nous laissez.
M. LOYAL.
Jusqu'au revoir. Le Ciel vous tienne tous en joie.
ORGON.
Puisse-t-il te confondre & celui qui t'envoie.

SCENE V.

ORGON, MADAME PERNELLE,
ELMIRE, CLEANTE, MARIANE,
DAMIS, DORINE.

ORGON.

HÉ bien, vous le voyez, ma mere, si j'ai droit,
Et vous pouvez juger du reste par l'exploit.
Ses trahisons, enfin, vous sont-elles connues?

Madame PERNELLE.

Je suis toute ébaubie, & je tombe des nues

DORINE à Orgon.

Vous vous plaignez à tort, à tort vous le blâmez,
Et ses pieux desseins parlà sont confirmés.
Dans l'amour du prochain sa vertu se consomme,
Il sçait que très-souvent les biens corrompent
    l'homme ;
Et, par charité pure, il veut vous enlever
Tout ce qui vous peut faire obstacle à vous sauver.

ORGON.

Taisez-vous. C'est le mot qu'il vous faut toujours
    dire.

CLEANTE à Orgon.

Allons voir quel conseil on doit vous faire élire.

ELMIRE.

Allez faire éclater l'audace de l'ingrat.
Ce procédé détruit la vertu du contrat ;
Et sa déloyauté va paroître trop noire.
Pour souffrir qu'il en ait le succès qu'on veut croire.

SCENE VI.
VALERE, ORGON, MADAME PERNELLE, ELMIRE, CLEANTE, MARIANE, DAMIS, DORINE.

VALERE.

Avec regret, Monsieur, je viens vous affliger ;
Mais je m'y vois contraint par le pressant danger.
Un ami qui m'est joint d'une amitié fort tendre,
Et qui sçait l'intérêt qu'en vous j'ai lieu de prendre,
A violé pour moi, par un pas délicat,
Le secret que l'on doit aux affaires d'Etat ;
Et me vient d'envoyer un avis dont la suite
Vous réduit au parti d'une soudaine fuite.

Le fourbe, qui long-tems a pu vous impofer,
Depuis une heure, au Prince a fçu vous accufer ;
Et remettre en fes mains dans les traits qu'il vous jette,
D'un criminel d'Etat l'importante caffette,
Dont, au mépris, dit-il, du devoir d'un fujet,
Vous avez confervé le coupable fecret.
J'ignore le détail du crime qu'on vous donne,
Mais un ordre eft donné contre votre perfonne ;
Et lui-même eft chargé, pour mieux l'exécuter,
D'accompagner celui qui vous doit arrêter.

CLEANTE.

Voilà fes droits armés ; & c'eft par où le traître,
De vos biens qu'il prétend, cherche à fe rendre maître.

ORGON.

L'homme eft, je vous l'avoue, un méchant animal.

VALERE.

Le moindre amufement vous peut être fatal.
J'ai, pour vous emmener mon caroffe à la porte,
Avec mille louis qu'ici je vous apporte.
Ne perdons point de tems, le trait eft foudroyant ;
Et ce font de ces coups que l'on pare en fuyant.
A vous mettre en lieu fûr, je m'offre pour conduite,
Et veux accompagner, jufqu'au bout, votre fuite.

ORGON.

Las ! que ne dois-je point à vos foins obligeans ?
Pour vous en rendre grace, il faut un autre tems ;
Et je demande au Ciel de m'être affez propice,
Pour reconnoître un jour ce généreux fervice.
Adieu. Prenez le foin, vous autres...

CLEANTE.

       Allez tôt ;
Nous fongerons, mon frere, à faire ce qu'il faut.

SCENE VII.

TARTUFFE, UN EXEMPT, MADAME PERNELLE, ORGON, ELMIRE, CLEANTE, MARIANE, VALERE, DAMIS, DORINE.

TARTUFFE *arrêtant Orgon.*

Tout beau, Monſieur, tout beau, ne courez
 point ſi vîte,
Vous n'irez pas fort loin pour trouver votre gîte ;
Et de la part du Prince, on vous fait priſonnier.

ORGON.

Traître, tu me gardois ce trait pour le dernier,
C'eſt le coup, ſcélérat, par où tu m'expédies ;
Et voilà couronner toutes tes perfidies.

TARTUFFE.

Vos injures n'ont rien à me pouvoir aigrir,
Et je ſuis, pour le Ciel, appris à tout ſouffrir

CLEANTE.

La modération eſt grande, je l'avoue.

DAMIS.

Comme du Ciel, l'infâme, impudemment ſe joue !

TARTUFFE.

Tous vos emportemens ne ſçauroient m'émouvoir,
Et je ne ſonge à rien qu'à faire mon devoir.

MARIANE.

Vous avez de ceci grande gloire à prétendre,
Et cet emploi pour vous eſt fort honnête à prendre.

TARTUFFE.

Un emploi ne ſçauroit être que glorieux,
Quand il part du pouvoir qui m'envoie en ces lieux.

ORGON.

Mais t'es-tu ſouvenu que ma main charitable,
  Ingrat,

Ingrat, t'a retiré d'un état misérable ?
TARTUFFE.
Oui. Je sçais quels secours j'en ai pu recevoir ;
Mais l'intérêt du Prince est mon premier devoir.
De ce devoir sacré la juste violence
Etouffe dans mon cœur toute reconnoissance ;
Et je sacrifierois à de si puissans nœuds,
Ami, femme, parens, & moi-même avec eux.
ELMIRE.
L'imposteur !
DORINE.
Comme il sçait, de traîtresse maniere,
Se faire un beau manteau de tout ce qu'on révére !
CLÉANTE.
Mais s'il est si parfait que vous le déclarez,
Ce zele qui vous pousse, & dont vous vous parez,
D'où vient que, pour paroître, il s'avise d'attendre,
Qu'à poursuivre sa femme, il ait sçu vous surprendre ;
Et que vous ne songez à l'aller dénoncer,
Que lorsque son honneur l'oblige à vous chasser ?
Je ne vous parle point, pour devoir en distraire,
Du don de tout son bien qu'il venoit de vous faire ;
Mais, le voulant traiter en coupable aujourd'hui,
Pourquoi consentiez-vous à rien prendre de lui ?
TARTUFFE à l'Exempt.
Délivrez-moi, Monsieur, de la criaillerie,
Et daignez accomplir votre ordre, je vous prie.
L'EXEMPT.
Oui, c'est trop demeurer, sans doute, à l'accomplir ;
Votre bouche, à propos, m'invite à le remplir ;
Et, pour l'exécuter, suivez-moi tout-à-l'heure
Dans la prison qu'on doit vous donner pour demeure.
TARTUFFE.
Qui ? moi, Monsieur ?
L'EXEMPT.
Oui, vous.

TARTUFFE.
Pourquoi donc la prison?

L'EXEMPT.
Ce n'est pas vous à qui j'en veux rendre raison,
 (à Orgon.)
Remettez-vous, Monsieur, d'une allarme si chaude,
Nous vivons sous un Prince ennemi de la fraude,
Un Prince dont les yeux se font jour dans les cœurs,
Et que ne peut tromper tout l'art des imposteurs.
D'un fin discernement sa grande ame pourvue,
Sur les choses toujours jette une droite vue ;
Chez elle jamais rien ne surprend trop d'accès,
Et sa ferme raison ne tombe en nul excès.
Il donne aux gens de bien une gloire immortelle ;
Mais, sans aveuglement, il fait briller ce zele,
Et l'amour pour les vrais, ne ferme point son cœur
A tout ce que les faux doivent donner d'horreur.
Celui-ci n'étoit pas pour le pouvoir surprendre ;
Et, de piéges plus fins, on le voit se défendre.
D'abord, il a percé, par ses vives clartés,
Des replis de son cœur, toutes les lâchetés.
Venant vous accuser, il s'est trahi lui-même ;
Et, par un juste trait de l'équité suprême,
S'est découvert au Prince un fourbe renommé,
Dont, sous un autre nom, il étoit informé ;
Et c'est un long détail d'actions toutes noires,
Dont on pourroit former des volumes d'histoires.
Ce Monarque, en un mot, a, vers vous, détesté
Sa lâche ingratitude, & sa déloyauté ;
A ses autres horreurs, il a joint cette suite ;
Et ne m'a jusqu'ici, soumis à sa conduite,
Que pour voir l'impudence aller jusques au bout,
Et vous faire, par lui, faire raison de tout.
Oui, de tous vos papiers, dont il se dit le maître,
Il veut qu'entre vos mains, je dépouille le traître.
D'un souverain pouvoir, il brise les liens
Du contrat qui lui fait un don de tous vos biens,
Et vous pardonne enfin cette offense secrete,

COMEDIE. 279

Où vous a, d'un ami, fait tomber la retraite ;
Et c'est le prix qu'il donne au zele qu'autrefois,
On vous vit témoigner en appuyant ses droits ;
Pour montrer que son cœur sçait, quand moins on y
    pense,
D'une bonne action verser la récompense ;
Que jamais le mérite avec lui ne perd rien ;
Et que, mieux que du mal, il se souvient du bien.

DORINE.
Que le Ciel soit loué !

Madame PERNELLE.
      Maintenant je respire,

ELMIRE.
Favorable succès !

MARIANE.
      Qui l'auroit osé dire ?

ORGON *à Tartuffe que l'Exempt emmene*
Hé bien, te voilà, traître....

SCENE DERNIERE.

MADAME PERNELLE, ORGON, ELMIRE, MARIANE, CLEANTE, VALERE, DAMIS, DORINE.

CLEANTE.

AH ! mon frere, arrêtez,
Et ne descendez point à des indignités.
A son mauvais destin laissez un misérable,
Et ne vous joignez point au remords qui l'accable.
Souhaitez bien plutôt que son cœur, en ce jour,
Au sein de la vertu fasse un heureux retour,
Qu'il corrige sa vie, en détestant son vice,
Et puisse du grand Prince adoucir la justice ;
Tandis qu'à sa bonté vous irez, à genoux,

Rendre ce que demande un traitement si doux.

ORGON.

Oui, c'est bien dit. Allons à ses pieds avec joie,
Nous louer des bontés que son cœur nous déploie.
Puis, acquitté un peu de ce premier devoir,
Aux justes soins d'un autre, il nous faudra pourvoir;
Et, par un doux hymen, couronner en Valere,
La flamme d'un amant généreux & sincere.

Fin du Tome quatrieme.

www.ingramcontent.com/pod-product-compliance
Lightning Source LLC
Chambersburg PA
CBHW070758170426
43200CB00007B/827